410-411

LES REGRETS

ET AVTRES OEVVRES

POETIQVES DE IOACH.

DV BELLAY

A N G.

A PARIS,

De l'imprimerie de Federic Morel, rue S. Ian
de Beauuais, au franc Meurier.

M. D. LVIII.

AVEC PRIVILEGE DV ROY.

AD LECTOREM.

Quem, lector, tibi nunc damus libellum,
Hic fellisque simul, simúlque mellis,
Permixtúmque salis refert saporem.
Si gratum quid erit tuo palato,
Huc conuiua ueni: tibi hæc parata est
Cœna. sin minus, hinc facesse, quæso:
Ad hanc te uolui haud uocare cœnam.

A MONSIEVR D'AVANSON CON-
SEILLER DV ROY EN SON
PRIVÉ CONSEIL.

I ie n'ay plus la faueur de la Muse,
E t si mes uers se trouuent imparfaits,
L e lieu, le temps, l'aage ou ie les ay faits,
E t mes ennuis leur seruiront d'excuse.
I'estois à Rome au milieu de la guerre,
S ortant desia de l'aage plus dispos,
A mes trauaulx cherchant quelque repos,
N on pour louange ou pour faueur acquerre.
A insi uoit-on celuy qui sur la plaine
Picque le bœuf, ou trauaille au rampart,
S e resiouir, & d'un uers fait sans art
S'esuertuer au trauail de sa peine.
C eluy aussi qui dessus la galere
F ait escumer les flots à l'enuiron,
S es tristes chants accorde à l'auiron,
P our esprouuer la rame plus legere.
O n dit qu'Achille en remaschant son ire
D e tels plaisirs souloit s'entretenir,
P our addoulcir le triste souuenir
D e sa maistresse, aux fredons de sa lyre.

A insi flattoit le regret de la sienne
  P erduë helas pour la seconde fois,
  C il qui iadis aux rochers & aux bois
  F aisoit ouïr sa harpe Thracienne.
L a Muse ainsi me fait sur ce riuage,
  O u ie languis banny de ma maison,
  P asser l'ennuy de la triste saison,
  S eule compagne à mon si long uoyage.
L a Muse seule au milieu des alarmes
  E st asseuree, & ne pallist de peur,
  L a Muse seule au milieu du labeur
  F latte la peine, & desseiche les larmes.
D' elle ie tiens le repos & la uie,
  D' elle i'apprens à n'estre ambitieux,
  D' elle ie tiens les saincts presens des Dieux,
  E t le mespris de fortune, & d'enuie.
A ussi sçait-elle, aiant des mon enfance
  T ousiours guidé le cours de mon plaisir,
  Q ue le deuoir, non l'auare desir,
  S i longuement me tient loing de la France.
I e uoudrois bien (car pour suiure la Muse
  I 'ay sur mon doz chargé la pauureté)
  N e m'estre au trac des neuf sœurs arresté,
  P our aller ueoir la source de Meduse.
M ais que feray-ie à fin d'eschapper d'elles ?
  L eur chant flatteur a trompé mes esprits,
  E t les appaz aux quels elles m'ont pris,
  D 'un doulx lien ont englué mes ælles.

N on autrement que d'une doulce force
    D 'Vlyſſe eſtoient les compagnons liez,
    E t ſans penſer aux trauaulx oubliez
    A ymoient le fruict qui leur ſeruoit d'amorce.
C eluy qui a de l'amoureux breuuage
    G ouſté mal ſain le poiſon doulx-amer,
    C õgnoit ſon mal, & contraint de l'aymer
    S uit le lien qui le tient en ſeruage.
P our ce me plaiſt la doulce poëſie,
    E t le doulx traict par qui ie fus bleſſé:
    D es le berceau la Muſe m'a laiſſé
    C 'eſt aiguillon dedans la fantaiſie.
I e ſuis content qu'on appelle folie
    D e noz eſprits la ſaincte deité,
    M ais ce n'eſt pas ſans quelque utilité,
    Q ue telle erreur ſi doulcement nous lie.
E lle esblouit les yeulx de la penſee
    P our quelque fois ne ueoir noſtre malheur,
    E t d'un doulx charme enchante la douleur
    D ont nuict & iour noſtre ame eſt offenſee.
A inſi encor' la uineuſe preſtreſſe,
    Q ui de ſes criz Ide ua rempliſſant,
    N e ſent le coup du thyrſe la bleſſant,
    E t ie ne ſents le malheur qui me preſſe.
Q uelqu'un dira, de quoy ſeruent ces plainctes?
    C omme de l'arbre on uoit naiſtre le fruict,
    A inſi les fruicts que la douleur produict,
    S ont les ſouſpirs & les larmes non feinctes.

De quelque mal un chacun se lamente,
Mais les moiens de plaindre sont diuers :
I'ay, quant à moy, choisi celuy des uers
Pour desaigrir l'ennuy qui me tormente.
Et c'est pourquoy d'une doulce satyre
Entremeslant les espines aux fleurs,
Pour ne fascher le monde de mes pleurs,
I'appreste icy le plus souuent à rire.
Or si mes uers meritent qu'on les loüe,
Ou qu'on les blasme, à uous seul entre tous
Ie m'en rapporte icy, car c'est à uous,
A uous Seigneur, à qui seul ie les uoüe :
Comme celuy qui auec la sagesse
Auez conioint le droit & l'æquité,
Et qui portez de toute antiquité
Ioint à uertu le tiltre de noblesse.
Ne desdaignant, comme estoit la coustume,
Le long habit, lequel uous honnorez,
Comme celuy qui sage n'ignorez
De combien sert le conseil & la plume.
Ce fut pourquoy ce sage & uaillant Prince,
Vous honnorant du nom d'Ambassadeur,
Sur uostre doz deschargea sa grandeur,
Pour la porter en estrange prouince.
Recompensant d'un estat honnorable
Vostre seruice, & tesmoignant assez
Par le loyer de uoz trauaulx passez
Combien luy est tel seruice aggreable.

Qu'autant uous soit aggreable mon liure
Que de bon cueur ie le uous offre icy :
Du mesdisant i'auray peu de soucy ,
Et seray seur à tout iamais de uiure .

A SON LIVRE

M on liure(& ie ne suis sur ton aise enuieux)
    T u t'en iras sans moy uoir la court de mon Prince.
    H e chetif que ie suis, combien en gré ie prinsse,
    Q u'un heur pareil au tien fust permis à mes yeulx !
L à si quelqu'un uers toy se monstre gracieux,
    S ouhaitte luy qu'il uiue heureux en sa prouince :
    M ais si quelque malin obliquement te pince,
    S ouhaitte luy tes pleurs, & mon mal ennuieux.
S ouhaitte luy encor qu'il face un long uoyage,
    E t bien qu'il ait de ueüe elongné son mesnage,
    Q ue son cueur, ou qu'il uoise, y soit tousiours present :
S ouhaitte qu'il uieillisse en longue seruitude,
    Q u'il n'esprouue à la fin que toute ingratitude,
    E t qu'on mange son bien pendant qu'il est absent.

E ne ueulx point fouiller au sein de la nature,
I e ne ueulx point chercher l'esprit de l'vniuers,
I e ne ueulx point sonder les abysmes couuers,
N y desseigner du ciel la belle architecture.

I e ne peins mes tableaux de si riche peinture,
E t si haults arguments ne recherche à mes uers :
M ais suiuant de ce lieu les accidents diuers,
S oit de bien, soit de mal, i'escris à l'aduenture.

I e me plains à mes uers, si i'ay quelque regret,
I e me ris auec eulx, ie leur dy mon secret,
C omme estans de mon cœur les plus seurs secretaires.

A ussi ne ueulx-ie tant les pigner & friser,
E t de plus braues noms ne les ueulx desguiser,
Q ue de papiers iournaulx, ou bien de commentaires.

V n plus sçauant que moy (Paschal) ira songer
A ueques l'Ascrean dessus la double cyme :
E t pour estre de ceulx dont on fait plus d'estime,
D edans l'onde au cheual tout nud s'ira plonger.

Q uant à moy, ie ne ueulx pour un uers allonger,
M 'accoursir le cerueau : ny pour polir ma ryme,
M e consumer l'esprit d'une songneuse lime,
F rapper dessus ma table, ou mes ongles ronger.

A ussi ueulx-ie (Paschal) que ce que ie compose
S oit une prose en ryme, ou une ryme en prose,
E t ne ueulx pour cela le laurier meriter.

E t peult estre que tel se pense bien habile,
Q ui trouuant de mes uers la ryme si facile,
E n uain trauaillera, me uoulant imiter.

N 'eſtant, comme ie ſuis, encor' exercité
   P ar tant & tant de maulx au ieu de la Fortune,
   I e ſuiuois d'Apollon la trace non commune,
   D 'une ſaincte fureur ſainctement agité.
O res ne ſentant plus ceſte diuinité,
   M ais picqué du ſoucy qui faſcheux m'importune,
   V ne adreſſe i'ay pris beaucoup plus opportune
   A qui ſe ſent forcé de la neceſſité.
E t c'eſt pourquoy (Seigneur) ayant perdu la trace
   Q ue ſuit uoſtre Ronſard par les champs de la Grace,
   I e m'adreſſe ou ie uoy le chemin plus battu :
N e me baſtant le cœur, la force, ny l'haleine
   D e ſuiure, comme luy, par ſueur & par peine
   C e penible ſentier qui meine à la uertu.

I e ne ueulx fueilleter les exemplaires Grecs,
   I e ne ueulx retracer les beaux traicts d'un Horace,
   E t moins ueulx-ie imiter d'un Petrarque la grace,
   O u la uoix d'un Ronſard, pour chanter mes regrets.
C eulx qui ſont de Phœbus urais poëtes ſacrez,
   Animeront leurs uers d'une plus grand' audace :
   M oy, qui ſuis agité d'une fureur plus baſſe,
   I e n'entre ſi auant en ſi profonds ſecretz.
I e me contenteray de ſimplement eſcrire
   C e que la paſſion ſeulement me fait dire,
   S ans rechercher ailleurs plus graues arguments.
A uſſi n'ay-ie entrepris d'imiter en ce liure
   C eulx qui par leurs eſcripts ſe uantent de reuiure,
   E t ſe tirer tous uifz dehors des monuments.

                                       Ceulx

C eulx qui sont amoureux, leurs amours chanteront,
    C eulx qui ayment l'honneur, chanteront de la gloire,
    C eulx qui sont pres du Roy, publiront sa uictoire,
    C eulx qui sont courtisans, leurs faueurs uanteront :
C eulx qui ayment les arts, les sciences diront,
    C eulx qui sont uertueux, pour tels se feront croire,
    C eulx qui ayment le uin, deuiseront de boire,
    C eulx qui sont de loisir, de fables escriront :
C eulx qui sont mesdisans, se plairont à mesdire,
    C eulx qui sont moins fascheux, diront des mots pour rire,
    C eulx qui sont plus uaillans, uanteront leur ualeur :
C eulx qui se plaisent trop, chanteront leur louange,
    C eulx qui ueulent flater, feront d'un diable un ange :
    M oy, qui suis malheureux, ie plaindray mon malheur.

L as, ou est maintenant ce mespris de Fortune ?
    O u est ce cœur uainqueur de toute aduersité,
    C est honneste desir de l'immortalité,
    E t ceste honneste flamme au peuple non commune ?
O u sont ces doulx plaisirs, qu'au soir sous la nuict brune
    L es Muses me donnoient, alors qu'en liberté
    D essus le uerd tapy d'un riuage escarté,
    I e les menois danser aux rayons de la Lune ?
M aintenant la Fortune est maistresse de moy,
    E t mon cœur qui souloit estre maistre de soy,
    E st serf de mille maulx & regrets qui m'ennuyent.
D e la posterité ie n'ay plus de soucy,
    C este diuine ardeur, ie ne l'ay plus aussi,
    E t les Muses de moy, comme estranges, s'enfuyent.

C e pendant que la court mes ouurages lifoit,
  E t que la fœur du Roy, l'unique Marguerite,
  -M e faifant plus d'honneur que n'eftoit mon merite,
  D e fon bel œil diuin mes uers fauorifoit,
V ne fureur d'efprit au ciel me conduifoit
  D 'une æle qui la mort & les fiecles euite,
  E t le docte troppeau qui fur Parnaffe habite,
  D e fon feu plus diuin mon ardeur attifoit.
O res ie fuis muet, comme on uoit la Prophete
  N e fentant plus le Dieu, qui la tenoit fugette,
  P erdre foudainement la fureur & la uoix.
E t qui ne prend plaifir qu'un Prince luy commande?
  L 'honneur nourrit les arts, & la Mufe demande
  L e theatre du peuple, & la faueur des Roys.

N e t'esbahis Ronfard, la moitié de mon ame,
  S i de ton Dubellay France ne lit plus rien,
  E t fi aueques l'air du ciel Italien
  I l n'a humé l'ardeur qui l'Italie enflamme.
L e fainct rayon qui part des beaux yeux de ta dame,
  E t la fainte faueur de ton Prince & du mien,
  C ela (Ronfard) cela, cela merite bien
  D e t'efchauffer le cœur d'une fi uiue flamme.
M ais moy, qui fuis abfent des raiz de mon Soleil,
  C omment puis-ie fentir efchauffement pareil
  A celuy qui eft pres de fa flamme diuine?
L es coftaux foleillez de pampre font couuers,
  M ais des Hyperborez les eternelz hyuers
  N e portent que le froid, la neige, & la bruine.

F rance mere des arts , des armes , & des loix ,
   T u m'as nourry long temps du laict de ta mamelle :
   O res , comme un aigneau qui sa nourrice appelle ,
   I e remplis de ton nom les antres & les bois .
S i tu m'as pour enfant adoué quelquefois ,
   Q ue ne me respons-tu maintenant , ô cruelle ?
   F rance , France respons à ma triste querelle :
   M ais nul , sinon Echo , ne respond à ma uoix .
E ntre les loups cruels i'erre parmy la plaine ,
   I e sens uenir l'hyuer , de qui la froide haleine
   D 'une tremblante horreur fait herisser ma peau .
L as , tes autres aigneaux n'ont faute de pasture ,
   I ls ne craignent le loup , le uent , ny la froidure :
   S i ne suis-ie pourtant le pire du troppeau .

C e n'est le fleuue Thusque au superbe riuage ,
   C e n'est l'air des Latins ny le mont Palatin ,
   Q ui ores (mon Ronsard) me fait parler Latin ,
   C hangeant à l'estranger mon naturel langage :
C 'est l'ennuy de me uoir trois ans & d'auantage ,
   A insi qu'un Promethé , cloué sur l'Auentin ,
   O u l'espoir miserable & mon cruel destin ,
   N on le ioug amoureux , me detient en seruage .
E t quoy (Ronsard) & quoy , si au bord estranger
   O uide osa sa langue en barbare changer
   A fin d'estre entendu , qui me pourra reprendre
D 'un change plus heureux ? nul , puis que le François ,
   Q uoy qu'au Grec & Romain egalé tu te sois ,
   A u riuage Latin ne se peult faire entendre .

                        B iij

B ien qu'aux arts d'Apollon le uulgaire n'aspire,
   B ien que de tels thresors l'auarice n'ait soing,
   B ien que de tels harnois le soldat n'ait besoing,
   B ien que l'ambition tels honneurs ne desire :
B ien que ce soit aux grands un argument de rire,
   B ien que les plus rusez s'en tiennent le plus loing,
   E t bien que Dubellay soit suffisant tesmoing,
   C ombien est peu prisé le mestier de la lyre :
B ien qu'un art sans profit ne plaise au courtisan,
   B ien qu'on ne paye en uers l'œuure d'un artisan,
   B ien que la Muse soit de pauureté suiuie,
S i ne ueulx-ie pourtant delaisser de chanter,
   P uis que le seul chant peult mes ennuys enchanter,
   E t qu'aux Muses ie doy bien six ans de ma uie.

V eu le soing mesnager, dont trauaillé ie suis,
   V eu l'importun soucy, qui sans fin me tormente,
   E t ueu tant de regrets, desquels ie me lamente,
   T u t'esbahis souuent comment chanter ie puis.
I e ne chante (Magny) ie pleure mes ennuys :
   O u, pour le dire mieulx, en pleurant ie les chante,
   S i bien qu'en les chantant, souuent ie les enchante :
   V oila pourquoy (Magny) ie chante iours & nuicts.
A insi chante l'ouurier en faisant son ouurage,
   A insi le laboureur faisant son labourage,
   A insi le pelerin regrettant sa maison,
A insi l'aduanturier en songeant à sa dame,
   A insi le marinier en tirant à la rame,
   A insi le prisonnier maudissant sa prison.

M aintenant ie pardonne à la doulce fureur,
   Q ui m'a fait consumer le meilleur de mon aage,
   S ans tirer autre fruict de mon ingrat ouurage,
   Q ue le uain passetemps d'une si longue erreur.
.M aintenant ie pardonne à ce plaisant labeur,
   P uis que seul il endort le soucy qui m'oultrage,
   E t puis que seul il fait qu'au milieu de l'orage
   A insi qu'auparauant ie ne tremble de peur.
S i les uers ont esté l'abus de ma ieunesse,
   L es uers seront aussi l'appuy de ma uieillesse,
   S 'ils furent ma folie, ils seront ma raison,
S ils furent ma blesseure, ils seront mon Achille,
   S ils furent mon uenim, le scorpion utile,
   Q ui sera de mon mal la seule guerison.

S i l'importunité d'un crediteur me fasche,
   L es uers m'ostent l'ennuy du fascheux crediteur :
   E t si ie suis fasché d'un fascheux seruiteur,
   D essus les uers (Boucher) soudain ie me défasche.
S i quelqu'un dessus moy sa cholere délasche,
   S ur les uers ie uomis le uenim de mon cœur :
   E t si mon foible esprit est recreu du labeur,
   L es uers font que plus frais ie retourne à ma tasche.
L es uers chassent de moy la molle oisiueté,
   L es uers me font aymer la doulce liberté,
   L es uers chantent pour moy ce que dire ie n'ose.
S i donq i'en recueillis tant de profits diuers,
   D emandes-tu (Boucher) dequoy seruent les uers,
   E t quel bien ie reçoy de ceulx que ie compose ?

P anjas, ueuls-tu sçauoir quels sont mes passetemps?
　I e songe au lendemain, i'ay soing de la despense
　Q ui se fait chacun iour, & si fault que ie pense
　A rendre sans argent cent crediteurs contents :
I e uays, ie uiens, ie cours, ie ne perds point le temps,
　I e courtise un banquier, ie prens argent d'auance,
　Q uand i'ay despesché l'un, un autre recommence,
　E t ne fais pas le quart de ce que ie pretends .
Q ui me presente un compte, une lettre, un memoire,
　Q ui me dit que demain est iour de consistoire,
　Q ui me rompt le cerueau de cent propos diuers :
Q ui se plainct, qui se deult, qui murmure, qui crie,
　A ueques tout cela, dy (Panjas) ie te prie,
　N e t'esbahis-tu point comment ie fais des uers ?

C ependant que Magny suit son grand Auanson,
　P anjas son Cardinal, & moy le mien encore,
　E t que l'espoir flateur, qui noz beaux ans deuore,
　A ppaste noz desirs d'un friand hamesson,
T u courtises les Roys, & d'un plus heureux son
　C hantant l'heur de Henry, qui son siecle decore,
　T u t'honores toymesme, & celuy qui honore
　L 'honneur que tu luy fais par ta docte chanson .
L as, & nous ce pendant nous consumons nostre aage
　S ur le bord incogneu d'un estrange riuage,
　O u le malheur nous fait ces tristes uers chanter :
C omme on uoit quelquefois, quand la mort les appelle,
　A rrengez flanc à flanc parmy l'herbe nouuelle,
　B ien loing sur un estang trois cygnes lamenter.

A pres auoir long temps erré ſur le riuage,
 O u lon uoit lamenter tant de chetifs de court,
 T u as attaint le bord, ou tout le monde court,
 F uyant de pauureté le penible ſeruage.
N ous autres ce pendant le long de ceſte plage
 E n uain tendons les mains uers le Nautonnier ſourd,
 Q ui nous chaſſe bien loing: car, pour le faire court,
 N ous n'auons un quatrin pour payer le naulage.
A inſi donc tu iouis du repos bienheureux,
 E t comme font là bas ces doctes amoureux,
 B ien auant dans un bois te perds auec ta dame:
T u bois le long oubly de tes trauaux paſſez,
 S ans plus penſer en ceulx que tu as delaiſſez,
 C riant deſſus le port, ou tirant à la rame.

S i tu ne ſçais (Morel) ce que ie fais icy,
 I e ne fais pas l'amour, ny autre tel ouurage:
 I e courtiſe mon maiſtre, & ſi fais d'auantage,
 A yant de ſa maiſon le principal ſoucy.
M on Dieu (ce diras tu) quel miracle eſt-ce cy,
 Q ue de ueoir, Dubellay ſe meſler du meſnage,
 E t compoſer des uers en un autre langage!
 L es loups, & les aigneaux s'accordent tout ainſi.
V oila que c'eſt (Morel) la doulce poëſie
 M 'accompagne par tout, ſans qu'autre fantaiſie
 E n ſi plaiſant labeur me puiſſe rendre oiſif.
M ais tu me reſpondras: donne, ſi tu es ſage,
 D e bonne heure congé au cheual qui eſt d'aage,
 D e peur qu'il ne s'empire, & deuienne pouſsif.

Ce pendant que tu dis ta Cassandre diuine,
    Les louanges du Roy, & l'heritier d'Hector,
    Et ce Montmorancy, nostre François Nestor,
    Et que de sa faueur Henry t'estime digne :
Ie me pourmene seul sur la riue Latine,
    La France regretant, & regretant encor
    Mes antiques amis, mon plus riche tresor,
    Et le plaisant seiour de ma terre Angeuine.
Ie regrete les bois, & les champs blondissans,
    Les uignes, les iardins, & les prez uerdissans,
    Que mon fleuue trauerse : icy pour recompense
Ne uoiant que l'orgueil de ces monceaux pierreux,
    Ou me tient attaché d'un espoir malheureux,
    Ce que possede moins celuy qui plus y pense.

Heureux, de qui la mort de sa gloire est suiuie,
    Et plus heureux celuy, dont l'immortalité
    Ne prend commencement de la posterité,
    Mais deuant que la mort ait son ame rauie.
Tu iouis (mon Ronsard) mesmes durant ta uie,
    De l'immortel honneur que tu as merité :
    Et deuant que mourir (rare felicité)
    Ton heureuse uertu triomphe de l'enuie.
Courage donc (Ronsard) la uictoire est à toy,
    Puis que de ton costé est la faueur du Roy :
    Ia du laurier uainqueur tes temples se couronnent,
Et ia la tourbe espesse à l'entour de ton flanc
    Resemble ces esprits, qui là bas enuironnent
    Le grand prestre de Thrace au long sourpely blanc.

                                              Conte,

C onte, qui ne fis onc compte de la grandeur,
   T on Dubellay n'est plus . ce n'est plus qu'une souche
   Q ui dessus un ruisseau d'un doz courbé se couche,
   E t n'a plus rien de uif, qu'un petit de uerdeur.
S i i'escry quelquefois, ie n'escry point d'ardeur,
   I 'escry naïuement tout ce qu'au cœur me touche,
   S oit de bien, soit de mal, comme il uient à la bouche,
   E n un stile aussi lent, que lente est ma froideur.
V ous autres ce pendant peintres de la nature,
   D ont l'art n'est pas enclos dans une protraiture,
   C ontrefaites des uieux les ouurages plus beaux.
Q uant à moy ie n'aspire à si haulte louange,
   E t ne sont mes protraits aupres de uoz tableaux,
   N on plus qu'est un Ianet aupres d'un Michelange.

O res, plus que iamais, me plaist d'aymer la Muse,
   S oit qu'en François i'escriue, ou langage Romain,
   P uis que le iugement d'un Prince tant humain,
   D e si grande faueur enuers les lettres use.
D onq le sacré mestier ou ton esprit s'amuse,
   N e sera desormais un exercice uain,
   E t le tardif labeur que nous promet ta main,
   D esormais pour Francus n'aura plus nulle excuse.
C e pendant (mon Ronsard) pour tromper mes ennuys,
   E t non pour m'enrichir, ie suiuray, si ie puis,
   L es plus humbles chansons de ta Muse lassee.
A ussi chacun n'a pas merité que d'un Roy
   L a liberalité luy face, comme à toy,
   O u son archet doré, on sa lyre crossee.

Ne lira-lon iamais, que ce Dieu rigoureux?
  Iamais ne lira-lon que ceſte Idaliene?
  Ne voira-lon iamais Mars ſans la Cypriene?
  Iamais ne voira-lon, que Ronſard amoureux?
Retiſtra-lon touſiours, d'un tour laborieux
  Ceſte toile, argument d'une ſi longue peine?
  Revoira-lon touſiours Oreſte ſur la ſcene,
  Sera touſiours Roland par amour furieux?
Ton Francus, ce pendant a beau haulſer les voiles,
  Dreſſer le gouuernail, eſpier les eſtoiles,
  Pour aller ou il deuſt eſtre ancré deſormais:
Il a le vent à gré, il eſt en equippage,
  Il eſt encor pourtant ſur le Troien riuage,
  Auſſi croy-ie (Ronſard) quil n'en partit iamais.

Qu'heureux tu es (Baif) heureux & plus qu'heureux,
  De ne ſuiure abuſé ceſte aueugle Deeſſe,
  Qui d'un tour inconſtant & nous haulſe & nous baiſſe,
  Mais ceſt aueugle enfant qui nous fait amoureux!
Tu n'eſprouues (Baif) d'un maiſtre rigoureux,
  Le ſeuere ſourcy : mais la doulce rudeſſe
  D'une belle, courtoiſe, & gentile maiſtreſſe,
  Qui fait languir ton cœur doulcement langoureux.
Moy chetif ce pendant loing des yeux de mon Prince,
  Ie vieillis malheureux en eſtrange prouince,
  Fuyant la pauureté: mais las ne fuyant pas
Les regrets, les ennuys, le trauail, & la peine,
  Le tardif repentir d'une eſperance vaine,
  Et l'importun ſouci, qui me ſuit pas à pas.

Malheureux l'an, le mois, le iour, l'heure, & le poinct,
  Et malheureuse soit la flateuse esperance,
  Quand pour uenir icy i'abandonnay la France:
  La France, & mon Aniou dont le desir me poingt.
Vrayment d'un bon oiseau guidé ie ne fus point,
  Et mon cœur me donnoit assez signifiance
  Que le ciel estoit plein de mauuaise influence,
  Et que Mars estoit lors à Saturne conioint.
Cent fois le bon aduis lors m'en uoulut distraire,
  Mais tousiours le destin me tiroit au contraire:
  Et si mon desir n'eust aueuglé ma raison,
N'estoit ce pas assez pour rompre mon uoyage,
  Quand sur le sueil de l'huis, d'un sinistre presage,
  Ie me blessay le pied sortant de ma maison?

Si celuy qui s'appreste à faire un long uoyage,
  Doit croire cestuy la qui a ia uoyagé,
  Et qui des flots marins longuement oultragé,
  Tout moite & degoutant s'est sauué du naufrage,
Tu me croiras (Ronsard) bien que tu sois plus sage,
  Et quelque peu encor (ce croy-ie) plus aagé,
  Puis que i'ay deuant toy en ceste mer nagé,
  Et que desia ma nef descouure le riuage.
Donques ie t'aduertis, que ceste mer Romaine,
  De dangereux escueils & de bancs toute pleine,
  Cache mille perils, & qu'icy bien souuent
Trompé du chant pippeur des monstres de Sicile
  Pour Carybde euiter tu tomberas en Scylle,
  Si tu ne sçais nager d'une uoile à tout uent.

C e n'eſt l'ambition, ny le ſoing d'acquerir,
   Q ui m'a fait delaiſſer ma riue paternelle,
   P our uoir ces monts couuers d'une neige eternelle,
   E t par mille dangers ma fortune querir.
L e uray honneur qui n'eſt couſtumier de perir,
   E t la uraye uertu qui ſeule eſt immortelle,
   O nt comblé mes deſirs d'une abondance telle,
   Q u'un plus grand bien aux dieux ie ne ueulx requerir.
L 'honneſte ſeruitude, ou mon deuoir me lie,
   M 'a fait paſſer les monts de France en Italie,
   E t demourer trois ans ſur ce bord eſtranger,
O u ie uy languiſſant . ce ſeul deuoir encore
   M e peult faire changer France à l'Inde ⁊ au More,
   E t le ciel à l'enfer me peult faire changer.

Q uand ie te dis adieu, pour m'en uenir icy,
   T u me dis (mon Lahaye) il m'en ſouuient encore,
   S ouuienne toy Bellay de ce que tu es ore,
   E t comme tu t'en uas retourne t'en ainſi.
E t tel comme ie uins, ie m'en retourne auſſi:
   H ors mis un repentir qui le cœur me deuore,
   Q ui me ride le front, qui mon chef decolore,
   E t qui me fait plus bas enfoncer le ſourcy.
C e triſte repentir qui me ronge, ⁊ me lime,
   N e uient (car i'en ſuis net) pour ſentir quelque crime,
   M ais pour m'eſtre trois ans à ce bord arreſté:
E t pour m'eſtre abusé d'une ingrate eſperance,
   Q ui pour uenir icy touuer la pauureté,
   M 'a fait (ſot que ie ſuis) abandonner la France.

I e hay plus que la mort un ieune cafanier,
 Q ui ne fort iamais hors, finon au iour de fefte ,
 E t craignant plus le iour qu'une fauuage befte,
 S e fait en fa maifon luy mefmes prifonnier .
M ais ie ne puis aymer un uieillard uoyager,
 Q ui court deça dela, & iamais ne f'arrefte,
 A ins des pieds moins leger, que leger de la tefte
 N e feiourne iamais non plus qu'un meffager .
L 'un fans fe trauailler en feureté demeure ,
 L 'autre qui n'a repos iufques à tant qu'il meure,
 T rauerfe nuict & iour mille lieux dangereux .
L 'un paffe riche & fot heureufement fa uie ,
 L 'aure plus fouffreteux qu'un pauure qui mendie,
 S 'acquiert en uoyageant un fçauoir malheureux .

Q uiconques (mon Bailleul) fait longuement feiour ,
 S oubs un ciel incogneu, & quiconques endure
 D 'aller de port en port cherchant fon aduenture,
 E t peult uiure eftranger deffoubs un autre iour :
Q ui peult mettre en oubly de fes parents l'amour,
 L 'amour de fa maiftreffe, & l'amour que nature
 N ous fait porter au lieu de noftre nourriture ,
 E t uoyage toufiours fans penfer au retour :
I l eft fils d'un rocher, ou d'une ourfe cruelle,
 E t digne qui iadis ait fuccé la mamelle
 D 'une tygre inhumaine . encor ne uoit-on point
Q ue les fierts animaux en leurs forts ne retournent,
 E t ceulx qui parmy nous domeftiques feiournent,
 T oufiours de la maifon le doulx defir les poingt .

H eureux qui, comme Vlyſſe, a fait un beau uoyage,
  O u comme ceſtuy la qui conquit la toiſon,
  E t puis eſt retourné, plein d'uſage & raiſon,
  V iure entre ſes parents le reſte de ſon aage!
Q uand reuoiray-ie, helas, de mon petit uillage
  F umer la cheminee, & en quelle ſaiſon,
  R euoiray-ie le clos de ma pauure maiſon,
  Q ui m'eſt une prouince, & beaucoup d'auantage?
P lus me plaiſt le ſeiour qu'ont baſty mes ayeux,
  Q ue des palais Romains le front audacieux,
  P lus que le marbre dur me plaiſt l'ardoiſe fine:
P lus mon Loyre Gaulois, que le Tybre Latin,
  P lus mon petit Lyré, que le mont Palatin,
  E t plus que l'air marin la doulceur Angeuine.

I e me feray ſçauant en la philoſophie,
  E n la mathematique, & medicine auſi,
  I e me feray legiſte, & d'un plus hault ſouci
  A pprendray les ſecrets de la theologie:
D u lut & du pinceau i'ebateray ma uie,
  De l'eſcrime & du bal. ie diſcourois ainſi,
  E t me uantois en moy d'apprendre tout cecy,
  Q uand ie changeay la France au ſeiour d'Italie.
O beaux diſcours humains! ie ſuis uenu ſi loing,
  P our m'enrichir d'ennuy, de uieilleſſe, & de ſoing,
  E t perdre en uoyageant le meilleur de mon aage.
A inſi le marinier ſouuent pour tout treſor
  R apporte des harencs en lieu de lingots d'or,
  A iant fait, comme moy, un malheureux uoyage.

Que feray-ie, Morel? dy moy, si tu l'entends,
   Feray-ie encor icy plus longue demeurance,
   Ou si i'iray reueoir les campaignes de France,
   Quand les neiges fondront au soleil du printemps?
Si ie demeure icy, helas ie perds mon temps
   A me repaistre en uain d'une longue esperance,
   Et si ie ueulx ailleurs fonder mon asseurance,
   Ie fraude mon labeur du loyer que i'attens.
Mais fault-il uiure ainsi d'une esperance uaine?
   Mais fault-il perdre ainsi bien trois ans de ma peine?
   Ie ne bougeray donc. non, non, ie m'en iray.
Ie demourray pourtant, si tu le me conseilles.
   Helas (mon cher Morel) dy moy que ie feray,
   Car ie tiens, comme on dit, le loup par les oreilles.

Comme le marinier que le cruel orage
   A long temps agité dessus la haulte mer,
   Aiant finablement à force de ramer
   Garanty son uaisseau du danger du naufrage,
Regarde sur le port sans plus craindre la rage
   Des uagues ny des uents, les ondes escumer:
   Et quelqu'autre bien loing au danger d'abysmer
   En uain tendre les mains uers le front du riuage:
Ainsi (mon cher Morel) sur le port arresté
   Tu regardes la mer, & uois en seureté
   De mille tourbillons son onde renuersee:
Tu la uois iusqu'au ciel s'esleuer bien souuent,
   Et uois ton Dubellay à la mercy du uent
   Assis au gouuernail dans une nef percee.

D

L a nef qui longuement a voyagé (Dillier)
  D edans le seing du port à la fin on la serre,
  E t le bœuf, qui long temps a renuersé la terre,
  L e bouuier à la fin luy oste le collier:
L e vieil cheual se voit à la fin deslier,
  P our ne perdre l'haleine, ou quelque honte acquerre,
  E t pour se reposer du trauail de la guerre,
  S e retire à la fin le vieillard cheualier:
M ais moy, qui iusqu'icy n'ay prouué que la peine,
  L a peine & le malheur d'une esperance vaine,
  L a douleur, le souci, les regrets, les ennuis,
I e vieillis peu à peu sur l'onde Ausonienne,
  E t si n'espere point, quelque bien qui m'aduienne,
  D e sortir iamais hors des trauaux ou ie suis.

D epuis que i'ay laissé mon naturel seiour,
  P our uenir ou le Tybre aux flots tortuz ondoye,
  L e ciel a ueu trois fois par son oblique uoye
  R ecommencer son cours la grand' lampe du iour.
M ais i'ay si grand desir de me uoir de retour,
  Q ue ces trois ans me sont plus qu'un siege de Troye,
  T ant me tarde (Morel) que Paris ie reuoye,
  E t tant le ciel pour moy fait lentement son tour:
I l fait son tour si lent, & me semble si morne,
  S i morne, & si pesant que le froid Capricorne
  N e m'accourssit les iours, ny le Cancre les nuicts.
V oila (mon cher Morel) combien le temps me dure
  L oing de France & de toy, & comment la nature
  F ait toute chose longue aueques mes ennuis.

C'estoit

C 'estoit ores c'estoit qu'à moy ie deuois uiure,
S ans uouloir estre plus, que cela que ie suis,
E t qu'heureux ie deuois de ce peu que ie puis,
V iure content du bien de la plume, & du liure.
M ais il n'a pleu aux Dieux me permettre de suiure
M a ieune liberté, ny faire que depuis
I e uesquisse aussi franc de trauaux & d'ennuis,
C omme d'ambition i'estois franc & deliure.
I l ne leur a pas pleu qu'en ma uieille saison
I e sceusse quel bien c'est de uiure en sa maison,
D e uiure entre les siens sans crainte & sans enuie:
I l leur a pleu (helas) qu'à ce bord estranger
I e ueisse ma franchise en prison se changer,
E t la fleur de mes ans en l'hyuer de ma uie.

O qu'heureux est celuy qui peult passer son aage
E ntre pareils à soy! & qui sans fiction,
S ans crainte, sans enuie, & sans ambition
R egne paisiblement en son pauure mesnage.
L e miserable soing d'acquerir d'auantage
N e tyrannise point sa libre affection,
E t son plus grand desir, desir sans passion,
N e s'estend plus auant que son propre heritage.
I l ne s'empesche point des affaires d'autruy,
S on principal espoir ne depend que de luy,
I l est sa court, son roy, sa faueur, & son maistre:
I l ne mange son bien en païs estranger,
I l ne met pour autruy sa personne en danger,
E t plus riche qu'il est ne uoudroit iamais estre.

D ij

I 'ayme la liberté, & languis en seruice,
  I e n'ayme point la court, & me fault courtiser,
  I e n'ayme la feintise, & me fault deguiser,
  I 'ayme simplicité, & n'apprens que malice:
I e n'adore les biens, & sers à l'auarice,
  I e n'ayme les honneurs, & me les fault priser,
  I e ueulx garder ma foy & me la fault briser,
  I e cherche la uertu, & ne trouue que uice:
I e cherche le repos, & trouuer ne le puis,
  I 'embraße le plaisir, & n'eſprouue qu'ennuis,
  I e n'ayme à diſcourir, en raison ie me fonde:
I 'ay le corps maladif, & me fault uoyager,
  I e ſuis né pour la Muſe, on me fait meſnager,
  N e ſuis-ie pas (Morel) le plus chetif du monde?

V n peu de mer tenoit le grand Dulichien
  D 'Ithaque separé, l'Apennin porte-nue,
  E t les monts de Sauoye à la teſte chenue
  M e tiennent loing de France au bord Auſonien:
F ertile eſt mon ſeiour, ſterile eſtoit le ſien,
  I e ne ſuis des plus fins, ſa fineſſe eſt cogneue,
  L es ſiens gardans ſon bien attendoient ſa uenue,
  M ais nul en m'attendant ne me garde le mien:
P allas ſa guide eſtoit, ie uays à l'auenture,
  I l fut dur au trauail, moy tendre de nature,
  A la fin il ancra ſa nauire à ſon port,
I e ne ſuis aſſeuré de retourner en France,
  I l feit de ſes haineux une belle uengeance,
  P our me uenger des miens ie ne ſuis aſſez fort.

N'eſtant

N 'eſtant de mes ennuis la fortune aſſouuie,
   A fin que ie deuinſſe à moymeſme odieux,
   M'oſta de mes amis celuy que i'aymois mieux,
   E t ſans qui ie n'auois de uiure nulle enuie.
D onc l'eternelle nuiĉt a ta clarté rauie,
   E t ie ne t'ay ſuiuy parmy ces obſcurs lieux?
   T oy qui m'as plus aymé que ta uie & tes yeux,
   Toy, que i'ay plus aymé que mes yeux & ma uie.
H elas, cher compaignon, que ne puis-ie eſtre encor
   L e frere de Pollux, toy celuy de Caſtor,
   P uis que noſtre amitié fut plus que fraternelle?
R eçoy donques ces pleurs pour gage de ma foy,
   E t ces uers qui rendront, ſi ie ne me deçoy,
   D e ſi rare amitié la memoire eternelle.

C 'eſt ores, mon Vineus, mon cher Vineus, c'eſt ore
   Q ue de tous les chetifs le plus chetif ie ſuis,
   E t que ce que i'eſtois plus eſtre ie ne puis,
   A iant perdu mon temps, & ma ieuneſſe encore.
L a pauureté me ſuit, le ſouci me deuore,
   T riſtes me ſont les iours, & plus triſtes les nuiĉts,
   O que ie ſuis comblé de regrets, & d'ennuis!
   P leuſt à Dieu que ie fuſſe un Paſquin ou Marphore.
I e n'aurois ſentiment du malheur qui me poingt,
   M a plume ſeroit libre, & ſi ne craindrois point
   Q u'un plus grand contre moy peuſt exercer ſon ire.
A ſſeure toy Vineus que celuy ſeul eſt Roy,
   A qui meſmes les Roys ne peuuent donner loy,
   E t qui peult d'un chacun à ſon plaiſir eſcrire.

                                        D iíj

I e ne commis iamais fraude, ne malefice,
   I e ne doutay iamais des poincts de noſtre foy,
   I e n'ay point uiolé l'ordonnance du Roy,
   E t n'ay point eſprouué la rigueur de iuſtice:
I 'ay fait à mon ſeigneur fidelement ſeruice,
   I e fais pour mes amis ce que ie puis & doy,
   E t croy que iuſqu' icy nul ne ſe pleint de moy,
   Q ue uers luy i'aye fait quelque mauuais office.
V oila ce que ie ſuis : & toutefois, Vineus,
   C omme un qui eſt aux Dieux & aux hommes haineux,
   L e malheur me pourſuit, & touſiours m'importune:
M ais i'ay ce beau confort en mon aduerſité,
   C 'eſt qu'on dit que ie n'ay ce malheur merité,
   E t que digne ie ſuis de meilleure fortune.

S i pour auoir paſſé ſans crime ſa ieuneſſe,
   S i pour n'auoir d'uſure enrichi ſa maiſon,
   S i pour n'auoir commis homicide ou traïſon,
   S i pour n'auoir uſé de mauuaiſe fineſſe,
S i pour n'auoir iamais uiolé ſa promeſſe,
   O n ſe doit reſiouir en l'arriere ſaiſon,
   I e dois à l'aduenir, ſi i'ay quelque raiſon,
   D 'un grand contentement conſoler ma uieilleſſe.
I e me conſole donc en mon aduerſité,
   N e requerant aux Dieux plus grand' felicité,
   Q ue de pouuoir durer en ceſte patience.
O Dieux, ſi uous auez quelque ſouci de nous,
   O ttroyez moy ce don, que i'eſpere de uous,
   E t pour uoſtre pitié, & pour mon innocence.

O mar-

O maraſtre nature(& maraſtre es-tu bien,
   D e ne m'auoir plus ſage ou plus heureux fait naiſtre)
   P ourquoy ne m'as tu fait de moymeſme le maiſtre,
   P our ſuiure ma raiſon, & uiure du tout mien?
I e uoy les deux chemins , & de mal,& de bien:
   I e ſçay que la uertu m'appelle à la main dextre,
   E t toutefois il fault que ie tourne à ſeneſtre,
   P our ſuiure un traiſtre eſpoir, qui m'a fait du tout ſien.
E t quel profit en ay-ie ? ô belle recompenſe !
   I e me ſuis conſumé d'une uaine deſpence,
   E t n'ay fait autre acqueſt que de mal & d'ennuy.
L 'eſtranger recueilliſt le fruict de mon ſeruice,
   I e trauaille mon corps d'un indigne exercice,
   E t porte ſur mon front la uergongne d'autruy.

S i par peine,& ſueur,& par fidelité,
   P ar humble ſeruitude,& longue patience,
   E mployer corps, & biens,eſprit, & conſcience,
   E t du tout meſpriſer ſa propre utilité,
S i pour n'auoir iamais par importunité
   D emandé benefice, ou autre recompenſe,
   On ſe doit enrichir,i'auray(comme ie penſe)
   Q uelque bien à la fin,car ie l'ay merité.
M ais ſi par larrecin aduancé l'on doit eſtre,
   P ar mentir,par flater,par abuſer ſon maiſtre,
   E t pis que tout cela faire encor' bien ſouuent:
I e cognois que ie ſeme au riuage infertile,
   Q ue ie ueux cribler l'eau,& que ie bas le uent,
   E t que ie ſuis(Vineus)ſeruiteur inutile.

S i onques de pitié ton ame fut atteinte,
    V oiant indignement ton amy tormenté,
    E t si onques tes yeux ont experimenté
    L es poignans esguillons d'une douleur non feinte,
V oy la mienne en ces uers sans artifice peinte,
    C omme sans artifice est ma simplicité:
    E t si pour moy tu n'es à pleurer incité,
    N e te ry pour le moins des souspirs de ma pleinte.
A insi (mon cher Vineus) iamais ne puisse-tu
    E sprouuer les regrets qu'esprouue une uertu,
    Q ui se uoid defrauder du loyer de sa peine:
A insi l'œil de ton Roy fauorable te soit,
    E t ce qui des plus fins l'esperance deçoit,
    N 'abuse ta bonté d'une promesse uaine.

O combien est heureux, qui n'est contreint de feindre
    C e que la uerité le contreint de penser,
    E t à qui le respect d'un qu'on n'ose offenser,
    N e peult la liberté de sa plume contreindre !
L as pourquoy de ce nœu sens-ie la mienne estreindre,
    Q uand mes iustes regrets ie cuide commencer?
    E t pourquoy ne se peult mon ame dispenser
    D e ne sentir son mal, ou de s'en pouuoir pleindre?
O n me donne la genne, & si n'ose crier,
    O n me uoit tormenter, & si n'ose prier
    Q u'on ait pitié de moy . ô peine trop sugette !
I l n'est feu si ardent, qu'un feu qui est enclos,
    I l n'est si facheux mal, qu'un mal qui tient à l'os,
    E t n'est si grand' douleur, qu'une douleur muette.

S i apres quarante ans de fidele seruice,
　Q ue celuy que ie sers a fait en diuers lieux,
　E mploiant, liberal, tout son plus & son mieux
　A ux affaires qui sont de plus digne exercice,
D 'un hayneux estranger l'enuieuse malice
　E xerce contre luy son courage odieux,
　E t sans auoir souci des hommes ny des dieux,
　O ppose à la uertu l'ignorance & le uice,
M e doy-ie tormenter, moy qui suis moins que rien,
　S i par quelqu'un (peult estre) enuieux de mon bien
　I e ne treuue à mon gré la faueur opportune?
I e me console donc, & en pareille mer,
　V oiant mon cher Seigneur au danger d'abysmer,
　I l me plaist de courir une mesme fortune.

S ortons (Dilliers) sortons, faisons place à l'enuie,
　E t fuions desormais ce tumulte ciuil,
　P uis qu'on y uoit priser le plus lasche & plus uil,
　E t la meilleure part estre la moins suiuie.
A llons ou la uertu, & le sort nous conuie,
　D eussions nous uoir le Scythe, ou la source du Nil,
　E t nous donnons plus-tost un eternel exil,
　Q ue tacher d'un seul poinct l'honneur de nostre uie.
S us donques, & deuant que le cruel uainqueur
　D e nous face une fable au uulgaire moqueur,
　B anissons la uertu d'un exil uolontaire.
E t quoy? ne sçais-tu pas que le bany Romain
　B ien qu'il fust dechassé de son peuple inhumain,
　F ut pourtant adoré du barbare coursaire?

E

M auny, prenons en gré la mauuaise fortune,
  P uis que nul ne se peult de la bonne asseurer,
  E t que de la mauuaise on peult bien esperer,
  E stant son naturel, de n'estre iamais une.
L e sage nocher craint la faueur de Neptune,
  S achant que le beau temps long temps ne peult durer:
  E t ne uault il pas mieulx quelque orage endurer,
  Q ue d'auoir tousiours peur de la mer importune?
P ar la bonne fortune on se trouue abusé,
  P ar la fortune aduerse on deuient plus rusé:
  L 'une esteint la uertu, l'autre la fait paroistre:
L 'une trompe noz yeux d'un uisage menteur,
  L 'autre nous fait l'amy cognoistre du flateur,
  E t si nous fait encor' à nous mesmes cognoistre.

S i les larmes seruoient de remede au malheur,
  E t le pleurer pouuoit la tristesse arrester,
  O n deuroit (Seigneur mien) les larmes acheter,
  E t ne se trouueroit rien si cher que le pleur.
M ais les pleurs en effect sont de nulle ualeur,
  C ar soit qu'on ne se ueuille en pleurant tormenter,
  O u soit que nuict & iour on ueuille lamenter,
  O n ne peult diuertir le cours de la douleur.
L e cœur fait au cerueau ceste humeur exhaler,
  E t le cerueau la fait par les yeux deualler,
  M ais le mal par les yeux ne s'allambique pas.
D equoy donques nous sert ce fascheux larmoyer?
  D e ietter comme on dit l'huile sur le foyer,
  E t perdre sans profit le repoz & repas.

                                        V iuons

V iuons (Gordes)uiuons,uiuons,&pour le bruit
   D es uieillards ne laiſſons à faire bonne chere:
   V iuons,puis que la uie eſt ſi courte & ſi chere,
   E t que meſmes les Roys n'en ont que l'uſufruit.
L e iour ſ'eſteint au ſoir,& au matin reluit,
   E t les ſaiſons refont leur courſe couſtumiere:
   M ais quand l'homme a perdu ceſte doulce lumiere,
   L a mort luy fait dormir une eternelle nuiĉt.
D onq imiterons-nous le uiure d'une beſte?
   N on,mais deuers le ciel leuans touſiours la teſte,
   G ouſterons quelque fois la doulceur du plaiſir.
C eluy urayement eſt fol,qui changeant l'aſſeurance
   D u bien qui eſt preſent en douteuſe eſperance,
   V eult touſiours contredire à ſon propre deſir.

M araud,qui n'es maraud que de nom ſeulement,
   Q ui dit que tu es ſage,il dit la uerité:
   M ais qui dit que le ſoing d'euiter pauureté
   T e ronge le cerueau,ta face le deſment.
C eluy urayement eſt riche & uit heureuſement,
   Q ui ſ'eſloignant de l'une & l'autre extremité,
   P reſcrit à ſes deſirs un terme limité:
   C ar la uraye richeſſe eſt le contentement.
S us donc (mon cher Maraud) pendant que noſtre maiſtre,
   Q ue pour le bien publiq la nature a fait naiſtre,
   S e tormente l'eſprit des affaires d'autruy,
V a deuant à la uigne appreſter la ſalade:
   Q ue ſçait-on qui demain ſera mort,ou malade?
   C eluy uit ſeulement,lequel uit auiourdhuy.

M ontigné (car tu es aux procez ufité)
  S i quelqu'un de ces Dieux, qui ont plus de puiffance,
  N ous promit de tous biens paifible iouiffance,
  N ous obligeant par Styx toute fa deité,
I l feft mal enuers nous de promeffe acquitté,
  E t deuant Iuppiter en deuons faire inftance:
  M ais fi lon ne peult faire aux Parques refiftance,
  Q ui iugent par arreft de la fatalité,
N ous n'en appellerons, attendu que ne fommes
  P lus priuilegiez, que font les autres hommes
  C ondemnez, comme nous, en pareille action:
M ais fi l'ennuy uouloit fur noftre fantaifie,
  P ar uertu du malheur faire quelque faifie,
  N ous nous oppoferions à l'execution.

B aif, qui, comme moy, prouues l'aduerfité,
  I l n'eft pas toufiours bon de combatre l'orage,
  I l fault caler la uoile, & de peur du naufrage,
  C eder à la fureur de Neptune irrité.
M ais il ne fault aufsi par crainte & uilité
  S'abandonner en proye: il fault prendre courage,
  I l fault feindre fouuent l'efpoir par le uifage,
  E t fault faire uertu de la necefsité.
D onques fans nous ronger le cœur d'un trop grand foing,
  M ais de noftre uertu nous aidant au befoing,
  C ombatons le malheur. Quant à moy, ie protefte
Q ue ie ueulx deformais Fortune defpiter,
  E t que f'elle entreprend le me faire quitter,
  I e le tiendray (Baif) & fuft-ce de ma refte.

                                                        Ce

C e pendant que tu ſuis le lieure par la plaine,
   L e ſanglier par les bois, & le milan par l'aer,
   E t que voiant le ſacre, ou l'eſperuier voler,
   T u t'exerces le corps d'une plaiſante peine,
N ous autres malheureux ſuiuons la court Romaine,
    O u, comme de ton temps, nous n'oyons plus parler
    D e rire, de ſaulter, de danſer, & baller,
    M ais de ſang, & de feu, & de guerre inhumaine.
P endant, tout le plaiſir de ton Gordes, & de moy,
   C 'eſt de te regreter, & de parler de toy,
   D e lire quelque autheur, ou quelque vers eſcrire.
A u reſte (mon Dagaut) nous n'eſprouuons icy,
   Q ue peine, que trauail, que regret, & ſoucy,
   E t rien, que le Breton, ne nous peult faire rire.

L e Breton eſt ſçauant, & ſçait fort bien eſcrire
   E n François, & Thuſcan, en Grec, & en Romain,
   I l eſt en ſon parler plaiſant & fort humain,
   I l eſt bon compaignon, & dit le mot pour rire:
I l a bon iugement, & ſçait fort bien eſlire
   L e blanc d'auec le noir: il eſt bon eſcriuain,
   E t pour bien compaſſer une lettre à la main,
   I ly eſt excellent autant qu'on ſçauroit dire :
M ais il eſt pareſſeux, & craint tant ſon meſtier,
   Q ue ſil deuoit ieuſner, ce croy-ie, un mois entier,
   I l ne trauailleroit ſeulement un quart d'heure.
B ref il eſt ſi poltron, pour bien le deuiſer,
   Q ue depuis quatre mois, qu'en ma chambre il demeure,
   S on umbre ſeulement me fait poltronniſer.

T u ne me uois iamais (Pierre) que tu ne die
    Q ue i'estudie trop, que ie face l'amour,
    E t que d'auoir tousiours ces liures à l'entour,
    R end les yeux esblouis, & la teste eslourdie.
M ais tu ne l'entends pas : car ceste maladie
    N e me uient du trop lire, ou du trop long seiour,
    A ins de uoir le bureau, qui se tient chacun iour:
    C'est, Pierre mon amy, le liure ou i'estudie.
N e m'en parle donc plus, autant que tu as cher
    D e me donner plaisir, & de ne me fascher:
    M ais bien en ce pendant que d'une main habile
T u me laues la barbe, & me tonds les cheueulx,
    P our me d'esennuyer, conte moy si tu ueulx
    D es nouuelles du Pape, & du bruit de la uille.

S eigneur, ne pensez pas d'ouir chanter icy
    L es louanges du Roy, ny la gloire de Guyse,
    N y celle que se font les Chastillons acquise,
    N y ce Temple sacré au grand Montmorancy.
N 'y pensez uoir encor' le seuere sourcy
    D e madame Sagesse, ou la braue entreprise,
    Q ui au Ciel, aux Demons, aux Estoilles s'est prise,
    L a Fortune, la Mort, & la Iustice aussi,
D e l'Or encore moins, de luy ie ne suis digne:
    M ais bien d'un petit Chat i'ay fait un petit hymne,
    L equel ie uous enuoye : autre present ie n'ay.
P renez le donc (Seigneur) & m'excusez de grace,
    S i pour le bal ayant la musique trop basse,
    I e sonne un passepied, ou quelque branle gay.

Qui est amy du cœur est amy de la bourse,
  Ce dira quelque honneste & hardy demandeur,
  Qui de l'argent d'autruy liberal despendeur
  Luymesme à l'hospital s'en ua toute la course.
Mais songe là dessus, qu'il n'est si uiue source,
  Qu'on ne puisse espuiser, ny si riche presteur,
  Qui ne puisse à la fin deuenir emprunteur,
  Ayant affaire à gens qui n'ont point de resource.
Gordes, si tu ueuls uiure heureusement Romain,
  Sois large de faueur, mais garde que ta main
  Ne soit à tous uenans trop largement ouuerte.
Par l'un on peult gaigner mesmes son ennemy,
  Par l'autre bien souuent on perd un bon amy,
  Et quand on perd l'argent, c'est une double perte.

Ce ruzé Calabrois tout uice, quel qu'il soit,
  Chatouille à son amy, sans espargner personne,
  Et faisant rire ceulx, que mesme il espoinçonne,
  Se ioüe autour du cœur de cil qui le reçoit.
Si donc quelque subtil en mes uers apperçoit
  Que ie morde en riant, pourtant nul ne me donne
  Le nom de feint amy uers ceulx que i'aiguillonne,
  Car qui m'estime tel, lourdement se deçoit.
La Satyre (Dilliers) est un publiq exemple,
  Ou, comme en un miroir, l'homme sage contemple
  Tout ce qui est en luy ou de laid, ou de beau.
Nul ne me lise donc, ou qui me uouldra lire,
  Ne se fasche s'il uoit par maniere de rire,
  Quelque chose du sien protrait en ce tableau.

Quel est celuy qui ueult faire croire de soy
    Qu'il est fidele amy? mais quand le temps se change,
    Du costé des plus forts soudainement se range,
    Et du costé de ceulx qui ont le mieux dequoy.
Quel est celuy qui dit qu'il gouuerne le Roy?
    I'entends quand il se uoit en un païs estrange,
    Et bien loing de la court: quel homme est-ce, L'estrange?
    L'estrange, entre nous deux ie te pry dy le moy.
Dy moy, quel est celuy qui si bien se deguise,
    Qu'il semble homme de guerre entre les gens d'eglise,
    Et entre gens de guerre aux prestres est pareil?
Ie ne sçay pas son nom: mais quiconqu' il puisse estre,
    Il n'est fidele amy, ny mignon de son maistre,
    Ny uaillant cheualier, ny homme de conseil.

Nature est aux bastards uolontiers fauorable,
    Et souuent les bastards sont les plus genereux,
    Pour estre au ieu d'amour l'homme plus uigoreux,
    D'autant que le plaisir luy est plus aggreable.
Le donteur de Meduse, Hercule l'indontable,
    Le uainqueur Indien, & les Iumeaux heureux,
    Et tous ces Dieux bastards iadis si ualeureux
    Ce probleme (Bizet) font plus que ueritable.
Et combien uoyons nous auiourdhuy de bastards,
    Soit en l'art d'Apollon, soit en celuy de Mars
    Exceller ceux qui sont de race legitime?
Bref tousiours ces bastards sont de gentil esprit:
    Mais ce bastard (Bizet) que lon nous a descrit,
    Est cause, que ie fais des autres moins d'estime.

T u ne crains la fureur de ma plume animee,
   P enſant que ie n'ay rien à dire contre toy,
   S inon ce que ta rage a uomy contre moy,
   G rinſſant comme un maſtin la dent enucnimee.
T u crois que ie n'en ſçay que par la renommee,
   E t que quand i'auray dict que tu n'as point de foy,
   Q ue tu es affronteur, que tu es traiſtre au Roy,
   Q ue i'auray contre toy ma force conſommee.
T u penſes que ie n'ay rien dequoy me uanger,
   S inon que tu n'es fait que pour boire & manger:
   M ais i'ay bien quelque choſe encores plus mordante,
E t quoy ? l'amour d'Orphee ? & que tu ne ſceus oncq
   Q ue c'eſt de croire en Dieu ? non . quel uice eſt-ce doncq ?
   C 'eſt, pour le faire court, que tu es un pedante.

N e t'eſmerueille point que chacun il meſpriſe,
   Q uil dedaigne un chacun, qu'il n'eſtime que ſoy,
   Q u'aux ouurages d'autruy il ueuille donner loy,
   E t comme un Ariſtarq' luymeſme s'auctoriſe.
P aſchal, c'eſt un pedant' : & quoy qu'il ſe deſguiſe,
   S era touſiours pedant' . un pedant' & un roy
   N e te ſemblent-ilz pas auoir ie ne ſçay quoy
   D e ſemblable, & que l'un à l'autre ſymboliſe?
L es ſubiects du pedant' ce ſont ſes eſcoliers,
   S es claſſes ſes eſtatz, ſes regents officiers,
   S on college (Paſchal) eſt comme ſa prouince.
E t c'eſt pourquoy iadis le Syracuſien
   A iant perdu le nom de roy Sicilien,
   V oulut eſtre pedant', ne pouuant eſtre prince.

M agny, ie ne puis uoir un prodigue d'honneur
    Q ui trouue tout bien fait, qui de tout s'esmerueille,
    Q ui mes faultes approuue, & me flatte l'oreille
    C omme si i'estois prince, ou quelque grand seigneur.
M ais ie me fasche aussi d'un fascheux repreneur,
    Q ui du bon & mauuais fait censure pareille,
    Q ui se list uoluntiers, & semble qu'il sommeille
    E n lisant les chansons de quelque autre sonneur.
Cestui-la me deçoit d'une faulse louange,
    E t gardant qu'aux bons uers les mauuais ie ne change,
    F ait qu'en me plaisant trop à chacun ie desplais:
C estui-cy me degouste, & ne pouuant rien faire
    Q ui luy plaise, il me fait egalement desplaire
    T out ce qu'il fait luy mesme, & tout ce que ie fais.

I e hay du Florentin l'usuriere auarice,
    I e hay du fol Sienois le sens mal arresté,
    I e hay du Geneuois la rare uerité,
    E t du Venetien la trop caute malice:
I e hay le Ferrarois pour ie ne sçay quel uice,
    I e hay tous les Lombards pour l'infidelité,
    L e fier Napolitain pour sa grand' uanité,
    E t le poltron Romain pour son peu d'exercice:
I e hay l'Anglois mutin, & le braue Escossois,
    L e traistre Bourguignon, & l'indiscret François,
    L e superbe Espaignol, & l'yurongne Thudesque:
B ref, ie hay quelque uice en chaque nation,
    I e hay moy mesme encor' mon imperfection,
    M ais ie hay par sur tout un sçauoir pedantesque.

Pour-

Pourquoy me gronde-tu, vieux maſtin affamé,
   Comme ſi Dubellay n'auoit point de defenſe?
   Pourquoy m'offenſe-tu, qui ne t'ay fait offenſe,
   Sinon de t'auoir trop quelquefois eſtimé?
Qui t'ha, chien enuieux, ſur moy tant animé,
   Sur moy, qui ſuis abſent? croy-tu que ma uangeance
   Ne puiſſe bien d'icy darder iuſques en France
   Vn traict, plus que le tien, de rage enuenimé?
Ie pardonne à ton nom, pour ne ſouiller mon liure
   D'un nom, qui par mes uers n'a merité de uiure:
   Tu n'auras, malheureux, tant de faueur de moy:
Mais ſi plus longuement ta fureur perſeuere,
   Ie t'enuoiray d'icy un foet, une Megere,
   Vn ſerpent, un cordeau, pour me uanger de toy.

Si Pirithois ne fuſt aux enfers deſcendu,
   L'amitié de Theſé ſeroit enſeuelie,
   Et Niſe par ſa mort n'euſt la ſienne ennoblie,
   S'il n'euſt ueu ſur le champ Eurial' eſtendu:
De Pylade le nom ne ſeroit entendu
   Sans la fureur d'Oreſte, & la foy de Pythie
   Ne fuſt par tant d'eſcripts en lumiere ſortie,
   Si Damon ne ſe fuſt en ſa place rendu:
Et ie n'euſſe eſprouué la tienne ſi muable,
   Si Fortune uers moy n'euſt eſté uariable.
   Que puis-ie faire donc, pour me uanger de toy?
Le mal que ie te ueulx, c'eſt qu'un iour ie te puiſſe
   Faire en pareil endroit, mais par meilleure office,
   Recognoiſtre ta faulte, & uoir quelle eſt ma foy.

C e Braue qui fe croit, pour un iacque de maille
    E ftre un fecond Roland, ce difsimulateur,
    Q ui fuperbe aux amis, aux ennemis flateur,
    C ontrefait l'habile homme; & ne dit rien qui uaille,
B elleau, ne le croy pas: & quoy qu'il fe trauaille
    D e fe feindre hardy d'un uifage menteur,
    N'aioufte point de foy à fon parler uanteur,
    C ar oncq homme uaillant ie n'ay ueu de fa taille.
I l ne parle iamais que des faueurs qu'il a,
    I l defdaigne fon maiftre, & courtife ceulx la
    Q ui ne font cas de luy: il brufle d'auarice,
I l fait du bon Chreftien, & n'a ny foy ny loy:
    I l fait de l'amoureux, mais c'eft, comme ie croy,
    P our couurir le foupçon de quelque plus grand uice.

E ncores que lon euft heureufement compris
    E t la doctrine Grecque, & la Romaine enfemble,
    S i eft-ce (Gohory) qu'icy, comme il me femble,
    O n peult apprendre encor', tant foit-on bien appris.
N on pour trouuer icy de plus doctes efcripts
    Q ue ceulx que le François fongneufement affemble,
    M ais pour l'air plus fubtil qui doucement nous amble
    C e qui eft plus terreftre, & lourd en noz efprits.
I e ne fçay quel Demon de fa flamme diuine
    L e moins parfait de nous purge, efprouue, & affine,
    L ime le iugement, & le rend plus fubtil.
M ais qui trop y demeure, il enuoye en fumee
    D e l'efprit trop purgé la force confumee,
    E t pour l'efmoudre trop, luy fait perdre le fil.

                              Gordes,

G ordes, i'ay en horreur un uieillard uicieux,
  Q ui l'aueugle appetit de la ieuneſſe imite,
  E t ia froid par les ans de ſoymeſme ſ'incite
  A uiure delicat en repoz ocieux.
M ais ie ne crains rien tant qu'un ieune ambicieux,
  Q ui pour ſe faire grand contrefait de l'hermite,
  E t uoilant ſa traïſon d'un maſque d'hypocrite,
  C ouue ſoubs beau ſemblant un cœur malicieux.
I l n'eſt rien (ce dit-on en prouerbe uulgaire)
  S i ſale qu'un uieux bouq, ne ſi prompt à mal faire
  C omme eſt un ieune loup: & pour le dire mieux,
Q uand bien au naturel de tous deux ie regarde,
  C omme un fangeux pourceau l'un deſplaiſt à mes yeux,
  C omme d'un fin renard de l'autre ie me garde.

T u dis que Dubellay tient reputation,
  E t que de ſes amis il ne tient plus de compte:
  S i ne ſuis-ie Seigneur, Prince, Marquis, ou Conte,
  E t n'ay changé d'eſtat ny de condition.
I uſqu'icy ie ne ſçay que c'eſt d'ambition,
  E t pour ne me uoir grand ne rougis point de honte,
  A uſſi ma qualité ne baiſſe ny ne monte,
  C ar ie ne ſuis ſubieƈt qu'à ma complexion.
I e ne ſçay comme il fault entretenir ſon maiſtre,
  C omme il fault courtiſer, & moins quel il fault eſtre
  P our uiure entre les grands, comme on uid auiourdhuy.
I 'honnore tout le monde, & ne faſche perſonne,
  Q ui me donne un ſalut, quatre ie luy en donne,
  Q ui ne fait cas de moy ie ne fais cas de luy.

G ordes, que Dubellay ayme plus que ses yeux,
    V oy comme la nature, ainsi que du uisage,
    N ous a fait differents de meurs & de courage,
    E t ce qui plaist à l'un, à l'autre est odieux.
T u dis : ie ne puis uoir un sot audacieux,
    Q ui un moindre que luy braue à son auantage,
    Q ui s'escoute parler, qui farde son langage,
    E t fait croire de luy, qu'il est mignon des Dieux.
I e suis tout au contraire, & ma raison est telle :
    C eluy, dont la doulceur courtoisement m'appelle,
    M e fait oultre mon gré courtisan deuenir :
M ais de tel entretien le braue me dispense,
    C ar n'estant obligé uers luy de recompense,
    I e le laisse tout seul luy mesme entretenir.

C ent fois plus qu'à louer on se plaist à mesdire :
    P ource qu'en mesdisant on dit la uerité,
    E t louant, la faueur, ou bien l'auctorité
    C ontre ce qu'on en croit fait bien souuent escrire.
Q u'il soit uray, prins-tu onq tel plaisir d'ouir lire
    L es louanges d'un prince, ou de quelque cité,
    Q u'ouir un M arc Antoine à mordre exercité
    D ire cent mille mots qui font mourir de rire ?
S 'il est donques permis, sans offense d'aucun,
    D es meurs de nostre temps deuiser en commun,
    Q uiconques me lira, m'estime fol, ou sage :
M ais ie croy qu'auiourdhuy tel pour sage est tenu,
    Q ui ne seroit rien moins que pour tel recogneu,
    Q ui luy auroit osté le masque du uisage.

                                                    Ie

Ie ne defcouure icy les myſteres ſacrez
   Des ſainčts preſtres Romains, ie ne ueulx rien eſcrire
   Que la vierge honteuſe ait uergongne de lire,
   Ie ueulx toucher ſans plus aux uices moins ſecretz.
Mais tu diras que mal ie nomme ces regretz,
   Veu que le plus ſouuent i'uſe de mots pour rire,
   Et ie-dy que la mer ne bruit touſiours ſon ire,
   Et que touſiours Phœbus ne ſagette les Grecz.
Si tu rencontre donc icy quelque riſee,
   Ne baptiſe pourtant de plainte deſguiſee
   Les uers que ie ſouſpire au bord Auſonien.
La plainte que ie fais (Dilliers) eſt ueritable:
   Si ie ry, c'eſt ainſi qu'on ſe rid à la table,
   Car ie ry, comme on dit, d'un riz Sardonien.

Ie ne te conteray de Boulongne, & Veniſe,
   De Padoue, & Ferrare, & de Milan encor',
   De Naples, de Florence, & leſquelles ſont or'
   Meilleures pour la guerre, ou pour la marchandiſe:
Ie te raconteray du ſiege de l'egliſe,
   Qui fait d'oyſiueté ſon plus riche treſor,
   Et qui deſſous l'orgueil de trois couronnes d'or
   Couue l'ambition, la haine, & la feintiſe:
Ie te diray qu'icy le bon heur, & malheur,
   Le uice, la uertu, le plaiſir, la douleur,
   La ſcience honorable, & l'ignorance abonde.
Bref ie diray qu'icy, comme en ce uieil Caos,
   Se trouue (Peletier) confuſément enclos
   Tout ce qu'on uoid de bien, & de mal en ce monde.

Ie n'escris point d'amour, n'estant point amoureux,
  Ie n'escris de beauté, n'aiant belle maistresse,
  Ie n'escris de douceur, n'esprouuant que rudesse,
  Ie n'escris de plaisir, me trouuant douloureux:
Ie n'escris de bon heur, me trouuant malheureux,
  Ie n'escris de faueur, ne uoyant ma Princesse,
  Ie n'escris de tresors, n'aiant point de richesse,
  Ie n'escris de santé, me sentant langoureux:
Ie n'escris de la court, estant loing de mon Prince,
  Ie n'escris de la France, en estrange prouince,
  Ie n'escris de l'honneur, n'en uoiant point icy:
Ie n'escris d'amitié, ne trouuant que feintise,
  Ie n'escris de uertu, n'en trouuant point aussi,
  Ie n'escris de sçauoir, entre les gens d'eglise.

Si ie monte au Palais, ie n'y trouue qu'orgueil,
  Que uice desguisé, qu'une cerimonie,
  Qu'un bruit de tabourins, qu'une estrange armonie,
  Et de rouges habits un superbe appareil:
Si ie descens en banque, un amas & recueil
  De nouuelles ie treuue, une usure infinie,
  De riches Florentins une troppe banie,
  Et de pauures Sienois un lamentable dueil:
Si ie uais plus auant, quelque part ou i'arriue,
  Ie treuue de Venus la grand' bande lasciue
  Dressant de tous costez mil appas amoureux:
Si ie passe plus oultre, & de la Rome neufue
  Entre en la uieille Rome, adonques ie ne treuue
  Que de uieux monuments un grand monceau pierreux.

21

I l fait bon uoir (Paſchal) un conclaue ſerré,
  E t l'une chambre à l'autre egalement uoiſine
  D'antichambre ſeruir, de ſalle, & de cuiſine,
  E n un petit recoing de dix pieds en carré:
I l fait bon uoir autour le palais emmuré,
  E t briguer là dedans ceſte troppe diuine,
  L 'un par ambition, l'autre par bonne mine,
  E t par deſpit de l'un, eſtre l'autre adoré:
I l fait bon uoir dehors toute la uille en armes,
  Crier le Pape eſt fait, donner de faulx alarmes,
  S accager un palais: mais plus que tout cela
F ait bon uoir, qui de l'un, qui de l'autre ſe uante,
  Q ui met pour ceſtui-cy, qui met pour ceſtui-la,
  E t pour moins d'un eſcu dix Cardinaux en uente.

V euls-tu ſçauoir (Duthier) qu'elle choſe c'eſt Rome?
  R ome eſt de tout le monde un publique eſchafault,
  V ne ſcene, un theatre, auquel rien ne default
  D e ce qui peult tomber es actions de l'homme.
I cy ſe uoid le ieu de la Fortune, & comme
  S a main nous fait tourner ores bas, ores haut:
  I cy chacun ſe monſtre, & ne peult, tant ſoit caut,
  Faire que tel qu'il eſt, le peuple ne le nomme.
I cy du faulx & uray la meſſagere court,
  I cy les courtiſans font l'amour & la court,
  I cy l'ambition, & la fineſſe abonde:
I cy la liberté fait l'humble audacieux,
  I cy l'oyſiueté rend le bon uicieux,
  I cy le uil faquin diſcourt des faicts du monde.

G

N e pense (Robertet) que ceste Rome cy
    S oit ceste Rome la, qui te souloit tant plaire,
    O n n'y fait plus credit, comme lon souloit faire,
    O n n'y fait plus l'amour, comme on souloit aussi.
L a paix, & le bon temps ne regnent plus icy,
    L a musique & le bal sont contraints de s'y taire,
    L 'air y est corrompu, Mars y est ordinaire,
    O rdinaire la faim, la peine, & le soucy.
L 'artisan desbauché y ferme sa boutique,
    L 'ocieux aduocat y laisse sa pratique,
    E t le pauure marchand y porte le bissac:
O n ne voit que soldartz, & morrions en teste,
    O n n'oit que tabourins, & semblable tempeste,
    E t Rome tous les iours n'attend qu'un autre sac.

N ous ne faisons la court aux filles de Memoire,
    C omme uous, qui viuez libres de passion:
    S i uous ne sçauez donc nostre occupation,
    C es dix uers ensuiuans uous la feront notoire:
S uiure son Cardinal au Pape, au consistoire,
    E n capelle, en uisite, en congregation,
    E t pour l'honneur d'un prince, ou d'une nation,
    D e quelque ambassadeur accompagner la gloire:
E stre en son rang de garde aupres de son seigneur,
    E t faire aux suruenans l'accoustumé honneur,
    P arler du bruit qui court, faire de l'habile homme:
S e pourmener en housse, aller uoir d'huis en huis
    L a Marthe, ou la Victoire, & s'engager aux Iuifz:
    V oila, mes compagnons, les passetemps de Rome.

Flatter

22

F latter un crediteur, pour son terme alonger,
   C ourtiser un banquier, donner bonne esperance,
   N e suiure en son parler la liberté de France,
   E t pour respondre un mot, un quart d'heure y songer:
N e gaster sa santé par trop boire & manger,
   N e faire sans propos une folle despence,
   N e dire à tous uenans tout cela que lon pense,
   E t d'un maigre discours gouuerner l'estranger:
C ognoistre les humeurs, cognoistre qui demande,
   E t d'autant que lon a la liberté plus grande,
   D 'autant plus se garder que lon ne soit repris:
V iure aueques chacun, de chacun faire compte:
   V oila, mon cher Morel (dont ie rougis de honte)
   T out le bien qu'en trois ans à Rome i'ay appris.

M archer d'un graue pas, & d'un graue sourci,
   E t d'un graue soubriz à chacun faire feste,
   B alancer tous ses mots, respondre de la teste,
   A uec un Messer non, ou bien un Messer si:
E ntremesler souuent un petit, Et cosi,
   E t d'un son Seruitor contrefaire l'honneste,
   E t comme si lon eust sa part en la conqueste,
   D iscourir sur Florence, & sur Naples aussi:
S eigneuriser chacun d'un baisement de main,
   E t suiuant la façon du courtisan Romain,
   C acher sa pauureté d'une braue apparence:
V oila de ceste court la plus grande uertu,
   D ont souuent mal monté, mal sain, & mal uestu,
   S ans barbe & sans argent on s'en retourne en France.

G ij

D'ou uient cela (Mauny) que tant plus on s'efforce
  D'eschapper hors d'icy, plus le Demon du lieu
  (Et que seroit-ce donq si ce n'est quelque Dieu?)
  Nous y tient attachez par une doulce force?
Seroit-ce point d'amour ceste allechante amorse,
  Ou quelque autre uenim, dont apres auoir beu
  Nous sentons noz espritz nous laisser peu à peu,
  Comme un corps qui se perd sous une neuue escorse?
I'ay uoulu mille fois de ce lieu m'estranger,
  Mais ie sens mes cheueux en fueilles se changer,
  Mes bras en longs rameaux, & mes piedz en racine.
Bref, ie ne suis plus rien qu'un uiel tronc animé,
  Qui se pleint de se uoir à ce bord transformé,
  Comme le Myrte Anglois au riuage d'Alcine.

Qui choisira pour moy la racine d'Vlysse?
  Et qui me gardera de tomber au danger
  Qu'une Circe en pourceau ne me puisse changer,
  Pour estre à tout iamais fait esclaue du uice?
Qui m'estreindra le doy de l'anneau de Melisse,
  Pour me desenchanter comme un autre Roger?
  Et quel Mercure encor' me fera desloger,
  Pour ne perdre mon temps en l'amoureux seruice?
Qui me fera passer sans escouter la uoix
  Et la feinte douceur des monstres d'Achelois?
  Qui chassera de moy ces Harpyes friandes?
Qui uolera pour moy encor' un coup aux cieux,
  Pour rapporter mon sens, & me rendre mes yeux?
  Et qui fera qu'en paix ie mange mes uiandes?

                                                    Gordes,

23

G ordes, il m'eſt aduis que ie ſuis eſueillé,
C omme un qui tout eſmeu d'un effroyable ſonge
S e reſueille en ſurſault, & par le lict ſ'alonge,
S'eſmerueillant d'auoir ſi long temps ſommeillé.
R oger deuint ainſi (ce croy-ie) eſmerueillé:
E t croy que tout ainſi la uergongne me ronge,
C omme luy, quand il eut deſcouuert la menſonge
D u fard magicien qui l'auoit aueuglé.
E t comme luy auſſi ie ueulx changer de ſtile,
P our uiure deſormais au ſein de Logiſtile,
Q ui des cœurs langoureux eſt le commun ſupport.
S us donc (Gordes) ſus donc, à la uoile, à la rame,
F uions, gaignons le hault, ie uoy la belle Dame
Q ui d'un heureux ſignal nous appelle à ſon port.

N e penſe pas (Bouiu) que les Nymphes Latines
P our couurir leur traiſon d'une humble priuauté,
N y pour maſquer leur teint d'une faulſe beauté,
M e facent oublier noz Nymphes Angeuines.
L 'Angeuine douceur, les paroles diuines,
L 'habit qui ne tient rien de l'impudicité,
L a grace, la ieuneſſe, & la ſimplicité
M e deſgouſtent (Bouiu) de ces uieilles Alcines.
Q ui les uoit par dehors, ne peult rien uoir plus beau,
M ais le dedans reſemble au dedans d'un tombeau,
E t ſi rien entre nous moins honneſte ſe nomme.
O quelle gourmandiſe ! ô quelle pauureté !
O quelle horreur de uoir leur immundicité !
C 'eſt urayment de les uoir le ſalut d'un ieune homme.

G iÿ

O beaux cheueux d'argent mignonnement retors!
  O front crespe, & serein ! & uous face doree !
  O beaux yeux de crystal ! ô grand' bouche honoree,
  Q ui d'un large reply retrousses tes deux bordz !
O belles dentz d'ebene ! ô precieux tresors,
  Q ui faites d'un seul riz toute ame enamouree!
  O gorge damasquine en cent pliz figuree !
  E t uous beaux grands tetins, dignes d'un si beau corps!
O beaux ongles dorez ! ô main courte, & grassette !
  O cuisse delicatte ! & uous gembe grossette ,
  E t ce que ie ne puis honnestement nommer!
O beau corps transparant ! ô beaux membres de glace !
  O diuines beautez ! pardonnez moy de grace,
  S i pour estre mortel, ie ne uous ose aymer.

E n mille crespillons les cheueux se frizer,
  S e pincer les sourcilz, & d'une odeur choisie
  P arfumer hault & bas sa charnure moisie,
  E t de blanc & uermeil sa face desguiser:
A ller de nuict en masque, en masque deuiser,
  S e feindre à tous propos estre d'amour saisie,
  S iffler toute la nuict par une ialousie,
  E t par martel de l'un, l'autre fauoriser:
B aller, chanter, sonner, folastrer dans la couche,
  A uoir le plus souuent deux langues en la bouche,
  D es courtisannes sont les ordinaires ieux.
M ais quel besoing est-il que ie te les enseigne?
  S i tu les ueuls sçauoir (Gordes) & si tu ueuls
  E n sçauoir plus encor' , demande à la Chassaigne.

Doulce

24

D oulce mere d'amour, gaillarde Cyprienne,
  Q ui fais sous ton pouuoir tout pouuir se ranger,
  E t qui des bordz de Xanthe, à ce bord estranger
  G uidas auec ton filz ta gent Dardanienne,
S i ie retourne en France, ô mere Idalienne!
  C omme ie uins icy, sans tomber au danger
  D e uoir ma uieille peau en autre peau changer,
  E t ma barbe Françoise en barbe Italienne,
D es icy ie fais ueu d'appendre à ton autel
  N on le liz, ou la fleur d'Amarante immortel,
  N on ceste fleur encor' de ton sang coloree:
M ais bien de mon menton la plus blonde toison,
  M e uantant d'auoir fait plus que ne feit Iason
  E mportant le butin de la toison doree.

H eureux celuy qui peult long temps suiure la guerre
  S ans mort, ou sans blesseure, ou sans longue prison!
  H eureux qui longuement uit hors de sa maison
  S ans despendre son bien, ou sans uendre sa terre!
H eureux qui peult en court quelque faueur acquerre
  S ans crainte de l'enuie, ou de quelque traison!
  H eureux qui peult long temps sans danger de poison
  I ouir d'un chapeau rouge, ou des clefz de sainct Pierre!
H eureux qui sans peril peult la mer frequenter!
  H eureux qui sans procez le palais peult hanter!
  H eureux qui peult sans mal uiure l'aage d'un homme!
H eureux qui sans soucy peult garder son tresor!
  S a femme sans souspçon, & plus heureux encor'
  Q ui a peu sans peler uiure trois ans à Rome!

M audict soit mille fois le Borgne de Libye,
    Q ui le cœur des rochers persant de part en part
    D es Alpes renuersa le naturel rampart,
    P our ouurir le chemin de France en Italie.
M ars n'eust empoisonné d'une eternelle enuie
    L e cœur de l'Espaignol, & du François soldart,
    E t tant de gens de bien ne seroient en hasart
    D e uenir perdre icy & l'honneur & la uie.
L e François corrompu par le uice estranger
    S a langue & son habit n'eust appris à changer,
    I l n'eust changé ses mœurs en une autre nature.
I l n'eust point esprouué le mal qui fait peler,
    I l n'eust fait de son nom la uerole appeller,
    E t n'eust fait si souuent d'un busle sa monture.

O Deesse, qui peuls aux Princes egaler
    V n pauure mendiant, qui n'a que la parole,
    E t qui peuls d'un grand roy faire un maistre d'escole,
    S 'il te plaist de son lieu le faire deualler:
I e ne te prie pas de me faire enroller
    A u rang de ces messieurs que la faueur accolle,
    Q ue lon parle de moy, & que mon renom uole
    D e l'aile dont tu fais ces grands Princes uoler:
I e ne demande pas mille & mille autres choses,
    Q ui dessous ton pouuoir sont largement encloses,
    A ussi ie n'eu iamais de tant de biens soucy.
I e demande sans plus que le mien on ne mange,
    E t que i'aye bien tost une lettre de change,
    P our n'aller sur le busle au departir d'icy.

                                         Doulcin

25

D oulcin, quand quelquefois ie uoy ces pauures filles,
   Q ui ont le diable au corps, ou le semblent auoir,
   D 'une horrible façon corps & teste mouuoir,
   E t faire ce qu'on dit de ces uieilles Sibylles:
Q uand ie uoy les plus forts se retrouuer debiles,
   V oulant forcer en uain leur forcené pouuoir:
   E t quand mesme i'y uoy perdre tout leur sçauoir
   C eulx qui sont en uostre art tenuz des plus habiles:
Q uand effroyablement escrier ie les oy,
   E t quand le blanc des yeux renuerser ie leur uoy,
   T out le poil me herisse, & ne sçay plus que dire.
M ais quand ie uoy un moine auec son Latin
   L eur taster hault & bas le uentre & le tetin,
   C este frayeur se passe, & suis contraint de rire.

D 'ou uient que nous uoyons à Rome si souuent
   C es garses forcener, & la pluspart d'icelles
   N 'estre uieilles (Ronsard) mais d'aage de pucelles,
   E t se trouuer tousiours en un mesme conuent?
Q ui parle par leur uoix? quel Demon leur defend
   D e respondre à ceulx-la qui ne sont cogneuz d'elles?
   E t d'ou uient que soudain on ne les uoit plus telles
   A yant une chandelle esteinte de leur uent?
D 'ou uient que les saincts lieux telles fureurs augmentent?
   D 'ou uient que tant d'espritz une seule tormentent?
   E t que sortans les uns, le reste ne sort pas?
D y ie te pry (Ronsard) toy qui sçais leurs natures,
   C eulx qui faschent ainsi ces pauures creatures,
   S ont-ilz des plus haultains, des moiens, ou plus bas?

H

Quand ie uays par la rue, ou tant de peuple abonde,
  De prestres, de prelatz, & de moines aussi,
  De banquiers, d'artisans, & n'y uoiant, ainsi
  Qu'on uoit dedans Paris, la femme uagabonde:
Pyrrhe, apres le degast de l'uniuerselle onde,
  Ses pierres (di-ie alors) ne sema point icy:
  Et semble proprement, à uoir ce peuple cy,
  Que Dieu n'y ait formé que la moitié du monde.
Car la dame Romaine en grauité marchant',
  Comme la conseilliere, ou femme du marchand
  Ne s'y pourmene point, & n'y uoit on que celles,
Qui se font de la court l'honneste nom donné:
  Dont ie crains quelquefois qu'en France retourné,
  Autant que i'en uoiray ne me resemblent telles.

Vrsin, quand i'oy nommer de ces uieux noms Romains,
  De ces beaux noms cogneus de l'Inde iusqu'au More,
  Non les grands seulement, mais les moindres encore,
  Voire ceulx-la qui ont les ampoulles aux mains:
Il me fasche d'ouir appeller ces uillains
  De ces noms tant fameux, que tout le monde honnore:
  Et sans le nom Chrestien, le seul nom que i'adore,
  Voudrois que de telz noms on appellast noz Sainctz.
Lé mien sur tous me fasche, & me fasche un Guillaume,
  Et mil autres sotz noms communs en ce royaume,
  Voiant tant de faquins indignement iouir
De ces beaux noms de Rome, & de ceulx de la Grece,
  Mais par sur tout (Vrsin) il me fasche d'ouir
  Nommer une Thäis du nom d'une Lucrece.

26

Q ue dirons nous (Melin) de ceste court Romaine,
    O u nous uoions chacun diuers chemins tenir,
    E t aux plus haults honneurs les moindres paruenir,
    P ar uice, par uertu, par trauail, & sans peïne?
L 'un fait pour s'auançer une despence uaine,
    L 'autre par ce moyen se uoit grand deuenir,
    L 'un par seuerité se sçait entretenir,
    L 'autre gaigne les cœurs par sa doulceur humaine:
L'un pour ne s'auançer se uoit estre auancé,
    L 'autre pour s'auançer se uoit desauançé,
    E t ce qui nuit à l'un, à l'autre est profitable:
Q ui dit que le sçauoir est le chemin d'honneur,
    Q ui dit que l'ignorance attire le bon heur,
    L equel des deux (Melin) est le plus ueritable?

O n ne fait de tout bois l'image de Mercure,
    D it le prouerbe uieil: mais nous uoions icy
    D e tout bois faire Pape, & Cardinaulx aussi,
    E t uestir en trois iours tout une autre figure.
L es princes, & les rois, uiennent grands de nature,
    A ussi de leur grandeurs n'ont-ilz tant de souci,
    C omme ces Dieux nouueaux, qui no'nt que le sourci,
    P our faire reuerer leur grandeur, qui peu dure.
P aschal, i'ay ueu celuy qui n'agueres trainoit
    T oute Rome apres luy, quand il se pourmenoit,
    A ueques trois ualletz cheminer par la rue :
E t trainer apres luy un long orgueil Romain
    C eluy, de qui le pere a l'ampoulle en la main,
    E t l'aiguillon au poing se courbe à la charrue.

S i la perte des tiens, si les pleurs de ta mere,
    E t si de tes parents les regrets quelquefois,
    C ombien, cruel Amour, que sans amour tu sois,
    T 'ont fait sentir le dueil de leur compleinte amere:
C 'est or' qu'il fault monstrer ton flambeau sans lumiere,
    C 'est or' qu'il fault porter sans flesches ton carquois,
    C 'est or' qu'il fault briser ton petit arc Turquois,
    R enouuelant le dueil de ta perte premiere.
C ar ce n'est pas icy qu'il te fault regretter
    L e pere au bel Ascaigne: il te fault lamenter
    L e bel Ascaigne mesme, Ascaigne, ô quel dommage!
A scaigne que Caraffe aymoit plus que ses yeux,
    A scaigne qui passoit en beaulté de uisage
    L e beau Couppier Troyen, qui uerse à boire aux Dieux.

S i fruicts, raisins, & bledz, & autres telles choses
    O nt leur tronc, & leur sep, & leur semence aussi,
    E t s'on uoit au retour du printemps addoulci
    N aistre de toutes partz uiolettes, & roses:
N y fruicts, raisins, ny bledz, ny fleurettes descloses
    S ortiront (Viateur) du corps qui gist icy:
    A ulx, oignons, & porreaux, & ce qui fleure ainsi,
    A uront icy dessous leurs semences encloses.
T oy donc, qui de l'encens & du basme n'as point,
    S i du grand Iules tiers quelque regret te poingt,
    P arfume son tombeau de telle odeur choisie:
P uis que son corps, qui fut iadis egal aux Dieux,
    S e souloit paistre icy de telz metz precieux,
    C omme au ciel Iupiter se paist de l'ambrosie.

D e uoir mignon du Roy un courtifan honnefte,
    V oir un pauure cadet l'ordre au col fouftenir,
    V n petit compagnon aux eftatz paruenir,
    C e n'eft chofe (Morel) digne d'en faire fefte.
M ais uoir un eftaffier, un enfant, une befte,
    V n forfant, un poltron Cardinal deuenir,
    E t pour auoir bien fçeu un finge entretenir
    V n Ganymede auoir le rouge fur la tefte :
S 'eftre ueu par les mains d'un foldat Efpagnol
    B ien hault fur une efchelle auoir la corde au col
    C eluy, que par le nom de Sainct-Pere l'on nõme :
V n beliftre en trois iours aux princes f'egaller,
    E t puis le uoir de là en trois iours deualler :
    C es miracles (Morel) ne fe font point qu'à Rome

Q ui niera (Gillebert) f'il ne ueult refifter
    A u iugement commun, que le fiege de Pierre
    Q u'on peult dire à bon droit un Paradis en terre,
    A uffi bien que le ciel, n'ait fon grand Iuppiter?
L es Grecz nous ont fait l'un fur Olympe habiter,
    D ont fouuent deffus nous fes fouldres il defferre :
    L 'autre du Vatican délafche fon tonnerre,
    Q uand quelque Roy l'a fait contre luy defpiter.
D u Iuppiter celefte un Ganymede on uante,
    L e Thufque Iuppiter en a plus de cinquante :
    L 'un de Nectar f'enyure, & l'autre de bon uin.
D e l'aigle l'un & l'autre a la defenfe prife,
    M ais l'un hait les tyrans, l'autre les fauorife :
    L e mortel en cecy n'eft femblable au diuin.

I

O u que ie tourne l'œil, ſoit uers le Capitole,
   V ers les baings d'Antonin, ou Diocletien,
   E t ſi quelqu'œuure encor dure plus ancien
   D e la porte ſainct Pol iuſques à Ponte-mole :
I e deteſte apart-moy ce uieil Faucheur, qui uole,
   E t le Ciel, qui ce tout a reduit en un rien :
   P uis ſongeant que chacun peult repeter le ſien,
   I e me blaſme, & cognois que ma complainte eſt fole.
A uſſi ſeroit celuy par trop audacieux,
   Q ui uouldroit accuſer ou le Temps ou les Cieux,
   P our uoir une medaille, ou columne briſee .
E t qui ſçait ſi les Cieulx referont point leur tour,
   P uis que tant de Seigneurs nous uoyons chacun iour
   B aſtir ſur la Rotonde, & ſur le Colliſee ?

I e fuz iadis Hercule, or Paſquin ie me nomme,
   P aſquin fable du peuple, & qui fais toutefois
   L e meſme office encor que i'ay fait autrefois,
   V eu qu'ores par mes uers tant de monſtres i'aſſomme .
A uſſi mon uray meſtier c'eſt de n'eſpargner homme,
   M ais les uices chanter d'une publique uoix :
   E t ſi ne puis encor, quelque fort que ie ſois,
   S urmonter la fureur de cet Hydre de Rome .
I 'ay porté ſur mon col le grand Palais des Dieux,
   P our ſoulager Atlas, qui ſous le faiz des cieux
   C ourboit las & recreu ſa grande eſchine large .
O res au lieu du ciel, ie porte ſur mon doz
   V n gros moyne Eſpagnol, qui me froiſſe les oz,
   E t me poiſe trop plus que ma premiere charge .

                             Comme

C omme un, qui ueult curer quelque Cloaque immũde,
  S 'il n'a le nez armé d'une contrefenteur,
  E ſtouffé bien ſouuent de la grand' puanteur
  D emeure enſeuely dans l'ordure profonde :
A inſi le bon Marcel ayant leué la bonde,
  P our laiſſer eſcouler la fangeuſe eſpeſſeur
  D es uices entaſſez, dont ſon predeceſſeur
  A uoit ſix ans deuant empoiſonné le monde :
S e trouuant le pauuret de telle odeur ſurpris,
  T omba mort au milieu de ſon œuure entrepris,
  N 'ayant pas à demy ceſte ordure purgee .
M ais quiconques rendra tel ouurage parfait,
  S e pourra bien uanter d'auoir beaucoup plus fait,
  Q ue celuy qui purgea les eſtables d'Augee .

Q uand mon Caraciol de leur priſon deſſerre
  M ars, les uentz, & l'hyuer: une ardente fureur,
  V ne fiere tempeſte, une tremblante horreur
  A mes, ondes, humeurs, ard, renuerſe, & reſerre .
Q uand il luy plait auſſi de renfermer la guerre,
  E t l'orage, & le froid: une amoureuſe ardeur,
  V ne longue bonaſſe, une doulce tiedeur
  B ruſle, appaiſe, & reſoult les cœurs, l'onde, & la terre .
A inſi la paix à Mars il oppoſe en un temps,
  L e beautemps à l'orage, à l'hyuer le printemps,
  C omparant Paule quart, auec Iules troiſieme .
A uſſi ne furent onq' deux ſiecles plus diuers,
  E t ne ſe peult mieulx uoir l'endroit par le reuers,
  Q ue mettant Iules tiers auec Paule quatrieme .

I e n'ay iamais pensé que ceste uoulte ronde
    Couurist rien de constant : mais ie ueulx desormais,
    I e ueulx (mon cher Morel) croire plus que iamais,
    Q ue dessous ce grand Tout rien ferme ne se fonde.
P uis que celuy qui fut de la terre & de l'onde
    L e tonnerre & l'effroy, las de porter le faiz
    V eult d'un cloistre borner la grandeur de ses faicts,
    E t pour seruir à Dieu abandonner le monde.
M ais quoy ? que dirons-nous de cet autre uieillard,
    L equel ayant passé son aage plus gaillard
    A u seruice de Dieu, ores Cesar imite ?
I e ne sçay qui des deux est le moins abusé :
    M ais ie pense (Morel) qu'il est fort mal aisé,
    Q ue l'un soit bon guerrier, ny l'autre bon hermite.

Q uand ie uoy ces Seigneurs, qui l'espee & la lance
    O nt laissé pour uestir ce sainct orgueil Romain,
    E t ceulx-la, qui ont pris le baston en la main,
    S ans auoir iamais fait preuue de leur uaillance :
Q uand ie les uois (Vrsin) si chiches d'audience,
    Q ue souuent par quatre huiz on la mendie en uain :
    E t quand ie uoy l'orgueil d'un Camerier hautain,
    L equel feroit à Iob perdre la patience :
I l me souuient alors de ces lieux enchantez,
    Q ui sont en Amadis, & Palmerin chantez,
    D esquelz l'entree estoit si cherement uendue.
P uis ie dis : ô combien le Palais que ie uoy
    M e semble different du Palais de mon Roy,
    O u lon ne trouue point de chambre deffendue !

27

A uoir ueu deualler une triple Montagne,
   A pparoir une Biche, & disparoir soudain,
   E t dessus le tombeau d'un Empereur Romain
   V ne uieille Caraffe esleuer pour enseigne:
N e uoir qu'entrer soldardz, & sortir en campagne,
   E mprisonner seigneurs pour un crime incertain,
   R etourner forußiz, & le Napolitain
   C ommander en son rang à l'orgueil de l'Espagne:
F orce nouueaux seigneurs, dont les plus apparents
   S ont de sa Saincteté les plus proches parents,
   E t force Cardinaulx, qu'à grand' peine lon nomme:
F orce braues cheuaulx, & force haults colletz,
   E t force fauoriz, qui n'estoient que ualletz,
   V oila(mon cher Dagaut) des nouuelles de Rome.

O trois & quatre fois malheureuse la terre,
   D ont le prince ne uoit que par les yeux d'autruy,
   N 'entend que par ceulx-la, qui respondent pour luy,
   A ueugle, sourd, & mut, plus que n'est une pierre!
T elz sont ceulx-la (Seigneur) qu'auiourd'huy lon reserre
   O isifz dedans leur chambre, ainsi qu'en un estuy,
   P our durer plus long temps, & ne sentir l'ennuy,
   Q ue sent leur pauure peuple accablé de la guerre.
I lz se paissent enfans de trompes & canons,
   D e fifres, de tabours, d'enseignes, gomphanons,
   E t de uoir leur prouince aux ennemis en proye.
T el estoit cestui-la, qui du hault d'une tour,
   Regardant undoyer la flamme tout autour,
   P our se donner plaisir chantoit le feu de Troye.

O que tu es heureux, si tu cognois ton heur,
  D 'estre eschappé des mains de ceste gent cruelle,
  Q ui soubz un faulx semblant d'amitié mutuelle
  N ous desrobbe le bien, & la uie, & l'honneur !
O u tu es (mon Dagaud) la secrette ranqueur,
  L e soing qui comme un' hydre en nous se renouuelle,
  L 'auarice, l'enuie, & la haine immortelle
  D u chetif courtisan n'empoisonnent le cœur.
L a molle oisiueté n'y engendre le uice,
  L e seruiteur n'y perd son temps & son seruice,
  E t n'y mesdit on point de cil qui est absent:
L a iustice y a lieu, la foy n'en est banie,
  L à ne sçait-on que c'est de prendre à compagnie,
  A change, à cense, à stoc, & à trente pour cent.

F uions (Dilliers) fuions ceste cruelle terre,
  F uions ce bord auare, & ce peuple inhumain,
  Q ue des Dieux irritez la uangeresse main
  N e nous accable encor' soubs un mesme tonnerre.
M ars est desenchainé, le temple de la guerre
  E st ouuert à ce coup, le grand prestre Romain
  V eult fouldroier là bas l'heretique Germain,
  E t l'Espagnol marran, ennemis de sainct Pierre.
O n ne uoit que soldartz, enseignes, gonphanons,
  O n n'oit que tabourins, trompettes, & canons,
  O n ne uoit que cheuaux courans parmy la plaine:
O n n'oit plus raisonner que de sang, & de feu,
  M aintenant on uoira, si iamais on l'a ueu,
  C omment se sauuera la nacelle Romaine.

                                Celuy

28

Celuy vrayement eſtoit & ſage & bien appris,
   Qui cognoiſſant du feu la ſemence diuine
   Eſtre des Animans la premiere origine,
   De ſubſtance de feu dit eſtre noz eſpritz.
Le corps eſt le tiſon de ceſte ardeur eſpris,
   Lequel, d'autant qu'il eſt de matiere plus fine,
   Fait un feu plus luiſant, & rend l'eſprit plus digne
   De monſtrer ce qui eſt en ſoymeſme compris.
Ce feu donques celeſte, humble de ſa naiſſance
   S'eſleue peu à peu au lieu de ſon eſſence,
   Tant qu'il ſoit paruenu au poinct de ſa grandeur:
A donc' il diminue, & ſa force laſſee
   Par faulte d'aliment en cendres abbaiſſee
   Sent faillir tout à coup ſa languiſſante ardeur.

Quand ie uoy ces Meſſieurs, deſquelz l'auctorité
   Se uoit ores icy commander en ſon rang,
   D'un front audacieux cheminer flanc à flanc,
   Il me ſemble de uoir quelque diuinité.
Mais les uoiant pallir lors que ſa Saincteté
   Crache dans un baſſin, & d'un uiſage blanc
   Cautement eſpier ſ'il y a point de ſang,
   Puis d'un petit ſoubriz feindre une ſeureté:
O combien (di-ie alors) la grandeur que ie uoy,
   Eſt miſerable au pris de la grandeur d'un Roy!
   Malheureux qui ſi cher achete tel honneur.
Vrayement le fer meurtrier, & le rocher auſſi
   Pendent bien ſur le chef de ces Seigneurs icy,
   Puis que d'un uieil filet depend tout leur bonheur.

B rufquet à fon retour uous racontera (Sire)
　　D e ces rouges prelatz la pompeufe apparence,
　　Leurs mules,leurs habitz,leur longue reuerence,
　　Q ui fe peult beaucoup mieulx reprefenter que dire.
I l uous racontera,s'il les fçait bien defcrire,
　　L es mœurs de cefte court,& quelle difference
　　S e uoit de ces grandeurs à la grandeur de France,
　　E t mille autres bons poinéts,qui font dignes de rire.
I l uous peindra la forme, & l'habit du fainét Pere,
　　Q ui,comme Iupiter,tout le monde tempere
　　A ueques un clin d'œil:fa faconde & fa grace,
L 'honnefteté des fiens,leur grandeur & largeffe,
　　L es prefentz qu'on luy feit,& de quelle careffe
　　T out ce que fe dit uoftre à Rome lon embraffe.

V oicy le Carneual,menons chacun la fienne,
　　A llons baller en mafque,allons nous pourmener,
　　A llons uoir Marc Antoine,ou Zany bouffonner,
　　A uec fon Magnifique à la Venitienne:
V oyons courir le pal à la mode ancienne,
　　E t uoyons par le nez le fot buffle mener,
　　V oyons le fier taureau d'armes enuironner,
　　E t uoyons au combat l'adreffe Italienne:
V oyons d'œufz parfumez un orage grefler,
　　E t la fufee ardent' fiffler menu par l'aer.
　　S us donc depefchons nous,uoicy la pardonnance:
I l nous fauldra demain uifiter les fainéts lieux,
　　L à nous ferons l'amour,mais ce fera des yeux,
　　C ar paffer plus auant c'eft contre l'ordonnance.

29

S e fascher tout le iour d'une fascheuse chasse,
  V oir un braue taureau se faire un large tour
  E stonné de se uoir tant d'hommes alentour,
  E t cinquante picquiers affronter son audace:
L e uoir en s'elançant uenir la teste basse,
  F uir & retourner d'un plus braue retour,
  P uis le uoir à la fin pris en quelque destour
  P ercé de mille coups ensanglanter la place:
V oir courir aux flambeaux, mais sans se rencontrer,
  D onner trois coups d'espee, en armes se monstrer,
  E t tout autour du camp un rampart de Thudesques:
D resser un grand apprest, faire attendre long temps,
  P uis donner à la fin un maigre passetemps:
  V oila tout le plaisir des festes Romanesques.

C e pendant qu'au Palais de procez tu deuises,
  D 'aduocats, procureurs, presidents, conseillers,
  D 'ordonnances, d'arrestz, de noueaux officiers,
  D e iuges corrompuz, & de telles surprises:
N ous deuisons icy de quelques uilles prises,
  D e nouuelles de banque, & de nouueaux courriers,
  D e nouueaux Cardinaulx, de mules, d'estaffiers,
  D e chappes, de rochetz, de masses, & ualises:
E t ores (Sibilet) que ie t'escry ceci,
  N ous parlons de taureaux, & de buffles aussi,
  D e masques, de banquetz, & de telles despences:
D emain nous parlerons d'aller aux stations,
  D e motu-proprio, de reformations,
  D 'ordonnances, de briefz, de bulles, & dispenses.

N ous ne sommes faschez que la trefue se face:
    C ar bien que nous soyons de la France bien loing,
    S i est chacun de nous à soymesmes tesmoing,
    C ombien la France doit de la guerre estre lasse.
M ais nous sommes faschez que l'Espagnole audace,
    Q ui plus que le François de repoz a besoing,
    S e uante auoir la guerre & la paix en son poing,
    E t que de respirer nous luy donnons espace.
I l nous fasche d'ouir noz pauures alliez
    S e plaindre à tous propoz qu'on les ait oubliez,
    E t qu'on donne au priué l'utilité commune:
M ais ce qui plus nous fasche, est que les estrangers
    D isent plus que iamais que nous sommes legers,
    E t que nous ne sçauons cognoistre la Fortune.

L e Roy (disent icy ces baniz de Florence)
    D u sceptre d'Italie est frustré desormais,
    E t son heureuse main cet heur n'aura iamais
    D e reprendre aux cheueulx la fortune de France.
L e Pape mal content n'aura plus de fiance
    E n tous ces beaux desseings trop legerement faictz,
    E t l'exemple Sienois rendra par ceste paix
    S uspecte aux estrangers la Françoise alliance.
L 'Empereur affoibly ses forces reprendra,
    L 'Empire hereditaire à ce coup il rendra,
    E t paisible à ce coup il rendra l'Angleterre.
V oila que disent ceulx, qui discourent du Roy:
    Q ue leur respondrons-nous? Vineus, mande le moy,
    T oy, qui sçais discourir & de paix & de guerre.

Dedans

30

D edans le uentre obscur, ou iadis fut encloz
   T out cela qui depuis a remply ce grand uide,
   L 'air, la terre, & le feu, & l'element liquide,
   E t tout cela qu'Atlas soustient dessus son doz,
L es semences du Tout estoient encor' en gros,
   L e chault auec le sec, le froid auec l'humide,
   E t l'accord, qui depuis leur imposa la bride,
   N 'auoit encor' ouuert la porte du Caos :
C ar la guerre en auoit la serrure brouillee,
   E t la clef en estoit par l'aage si rouillee,
   Q u'en uain, pour en sortir, combatoit ce grand corps.
S ans la trefue (Seigneur) de la paix messagere,
   Q ui trouua le secret, & d'une main legere
   L a paix auec l'amour en fit sortir dehors.

T u sois la bien uenue, ô bienheureuse trefue !
   T refue, que le Chrestien ne peult assez chanter,
   P uis que seule tu as la uertu d'enchanter
   D e noz trauaulx passez la souuenance greue.
T u dois durer cinq ans : & que l'enuie en creue,
   C ar si le ciel bening te permet enfanter
   C e qu'on attend de toy, tu te pourras uanter
   D 'auoir fait une paix, qui ne sera si breue.
Mais si le fauory en ce commun repoz
   D oit auoir desormais le temps plus à propoz
   D 'accuser l'innocent, pour luy rauir sa terre :
S i le fruict de la paix du peuple tant requis
   A l'auare aduocat est seulement acquis,
   Trefue, ua t'en en paix, & retourne la guerre.

I cy de mille fards la traison se desguise,
  I cy mille forfaitz pullulent à foison,
  I cy ne se punit l'homicide ou poison,
  E t la richesse icy par usure est acquise:
I cy les grands maisons uiennent de bastardise,
  I cy ne se croid rien sans humaine raison,
  I cy la uolupté est tousiours de saison,
  E t d'autant plus y plaist, que moins elle est permise.
P ense le demourant. Si est-ce toutefois
  Q u'on garde encor' icy quelque forme de loix,
  E t n'en est point du tout la iustice bannie:
I cy le grand seigneur n'achete l'action,
  E t pour priuer autruy de sa possession
  N 'arme son mauuais droit de force & tyrannie.

C e n'est pas de mon gré (Carle) que ma nauire
  E rre en la mer Tyrrhene: un uent impetueux
  L a chasse maulgré moy par ces flots tortueux,
  N e uoiant plus le pol, qui sa faueur t'inspire.
I e ne uoy que rochers, & si rien se peult dire
  P ire que des rochers le hurt audacieux:
  E t le phare iadis fauorable à mes yeux
  D e mon cours egaré sa lanterne retire.
M ais si ie puis un iour me sauuer des dangers
  Q ue ie fuy uagabond par ces flots estrangers,
  E t uoir de l'Ocean les campagnes humides,
I 'arresteray ma nef au riuage Gaulois,
  C onsacrant ma despouille au Neptune François,
  A Glauque, à Melicerte, & aux sœurs Nereïdes.

31

I e uoy (Dilliers) ie uoy ferener la tempefte,
   I e uoy le uieil Proté fon troppeau renfermer,
   I e uoy le uerd Triton f'egaier fur la mer,
   E t uoy l'Aftre iumeau flamboier fur ma tefte.
I a le uent fauorable à mon retour f'apprefte,
   I a uers le front du port ie commence à ramer,
   E t uoy ia tant d'amis, que ne les puis nommer,
   T endant les bras uers moy, fur le bord faire fefte.
I e uoy mon grand Ronfard, ie le cognois d'ici,
   I e uoy mon cher Morel, & mon Dorat aufsi,
   I e uoy mon Delahaie, & mon Pafchal encore:
E t uoy un peu plus loing (fi ie ne fuis deceu)
   M on diuin Mauleon, duquel, fans l'auoir ueu,
   L a grace, le fçauoir & la uertu i'adore.

E t ie penfois aufsi ce que penfoit Vlyffe,
   Q u'il n'eftoit rien plus doulx que uoir encor' un iour
   F umer fa cheminee, & apres long feiour
   S e retrouuer au fein de fa terre nourrice.
I e me refiouiffois d'eftre efchappé au uice,
   A ux Circes d'Italie, aux Sirenes d'amour,
   E t d'auoir rapporté en France à mon retour
   L 'honneur que lon f'acquiert d'un fidele feruice.
L as mais apers l'ennuy de fi longue faifon,
   M ille fouciz mordants ie trouue en ma maifon,
   Q ui me rongent le cœur fans efpoir d'allegence.
A dieu donques (Dorat) ie fuis encor' Romain,
   S i l'arc que les neuf fœurs te mifrent en la main
   T u ne me prefte icy, pour faire ma uangence.

Morel, dont le sçauoir sur tout autre ie prise,
    S i quelqu'un de ceulx la, que le Prince Lorrain
    G uida dernierement au riuage Romain,
    S oit en bien, soit en mal, de Rome te deuise:
D y, qu'il ne sçait que c'est du siege de l'eglise,
    N 'y aiant esprouué que la guerre, & la faim,
    Q ue Rome n'est plus Rome, & que celuy en uain
    P resume d'en iuger, qui bien ne l'a comprise.
C eluy qui par la ruë a ueu publiquement
    L a courtisanne en coche, ou qui pompeusement
    L 'a peu uoir à cheual en accoustrement d'homme
S uperbe se monstrer: celuy qui de plein iour
    A ux Cardinaulx en cappe a ueu faire l'amour,
    C 'est celuy seul (Morel) qui peult iuger de Rome.

V ineus, ie ne uiz onc si plaisante prouince,
    H ostes si gracieux, ny peuple si humain,
    Q ue ton petit Vrbin, digne que soubs sa main
    L e tienne un si gentil & si uertueux Prince.
Q uant à l'estat du Pape, il fallut que i'apprinse
    A prendre en patience & la soif & la faim:
    C 'est pitié, comme là le peuple est inhumain,
    C omme tout y est cher, & comme lon y pinse.
M ais tout cela n'est rien au pris du Ferrarois,
    C ar ie ne uouldrois pas pour le bien de deux roys
    P asser encor' un coup par si penible enfer.
B ref ie ne sçay (Vineus) qu'en conclure à la fin,
    F ors, qu'en comparaison de ton petit Vrbin,
    L e peuple de Ferrare est un peuple de fer.

II

I l fait bon uoir (Magny) ces Coions magnifiques,
   L eur superbe Arcenal, leurs uaisseaux, leur abbord,
   L eur sainct Marc, leur palais, leur Realté, leur port,
   L eurs chãges, leurs profitz, leur bãque, & leurs trafiques:
I l fait bon uoir le bec de leurs chapprons antiques,
   L eurs robbes à grand' manche, & leurs bõnetz sans bord,
   L eur parler tout grossier, leur grauité, leur port,
   E t leurs sages aduis aux affaires publiques.
I l fait bon uoir de tout leur Senat balloter,
   I l fait bon uoir par tout leurs gondolles flotter,
   L eurs femmes, leurs festins, leur uiure solitere:
M ais ce que lon en doit le meilleur estimer,
   C 'est quand ces uieux coquz uont espouser la mer,
   D ont ilz sont les maris, & le Turc l'adultere.

          Les Grisons.

C eluy qui d'amitié a uiolé la loy,
   C herchant de son amy la mort. & uitupere,
   C eluy qui en procez a ruiné son frere,
   O u le bien d'un mineur a conuerty à soy:
C eluy qui a trahy sa patrie & son Roy,
   C eluy qui comme Oedipe a fait mourir son pere,
   C eluy qui comme Oreste à fait mourir sa mere,
   C eluy qui a nié son baptesme & sa foy:
M arseille, il ne fault point que pour la penitence
   D 'une si malheureuse abominable offense,
   S on estomac plombé martelant nuict & iour,
I l uoise errant nudz piedz ne six ne sept annees:
   Q ue les Gryfons sans plus il passe à ses iournees,
   I 'entens, s'il ueult que Dieu luy doibue du retour.

L a terre y eſt fertile, amples les edifices,
   L es poelles bigarrez, & les chambres de bois,
   L a police immuable, immuables les loix,
   E t le peuple ennemy de forfaitz & de uices.

I lz boiuent nuict & iour en Bretons & Suyſſes,
   I lz ſont gras & refaits, & mangent plus que trois:
   V oila les compagnons & correcteurs des Roys,
   Q ue le bon Rabelais a ſurnommez Saulciſſes.

I lz n'ont iamais changé leurs habitz & façons,
   I lz hurlent comme chiens leurs barbares chanſons,
   I lz comptent à leur mode, & de tout ſe font croire:

I lz ont force beaux lacz, & force ſources d'eau,
   F orce prez, force bois . i'ay du reſte (Belleau)
   P erdu le ſouuenir, tant ilz me firent boire.

De Geneſue.

I e les ay ueuz (Bizet) & ſi bien m'en ſouuient,
   I 'ay ueu deſſus leur front la repentance peinte,
   C omme on uoit ces eſprits qui là bas font leur pleinte,
   A yant paſſé le lac d'ou plus on ne reuient.

V n croire de leger les folz y entretient
   S oubz un pretexte faulx de liberté contrainte:
   L es coulpables fuitifz y demeurent par crainte,
   L es plus fins & ruſez honte les y retient.

A u demeurant (Bizet) l'auarice & l'enuie,
   E t tout cela qui plus tormente noſtre uie,
   D omine en ce lieu là plus qu'en tout autre lieu.

I e ne uiz onques tant l'un l'autre contre-dire,
   I e ne uiz onques tant l'un de l'autre meſdire:
   V ray eſt, que, comme icy, l'on n'y iure point Dieu.

Sceue,

S ceue, ie me trouuay comme le filz d'Anchife
   E ntrant dans l'Elyfee, & fortant des enfers,
   Q uand apres tant de monts de neige tous couuers
   I e uiz ce beau Lyon, Lyon que tant ie prife.
S on eftroicte longueur, que la Sone diuife,
   N ourrit mil artifans, & peuples tous diuers:
   E t n'en defplaife à Londre', à Venife, & Anuers,
   C ar Lyon n'eft pas moindre en fait de marchandife.
I e m'eftonnay d'y uoir paffer tant de courriers,
   D 'y uoir tant de banquiers, d'imprimeurs, d'armuriers,
   P lus dru que lon ne uoit les fleurs par les prairies.
M ais ie m'eftonnay plus de la force des pontz,
   D effus lefquelz on paffe, allant dela les montz,
   T ant de belles maifons, & tant de metairies.

Paris.

D e-uaulx, la mer reçoit tous les fleuues du monde,
   E t n'en augmente point: femblable à la grand' mer
   E ft ce Paris fans pair, ou lon uoit abyfmer
   T out ce qui là dedans de toutes parts abonde.
P aris eft en fçauoir une Grece feconde,
   V ne Rome en grandeur Paris on peult nommer,
   V ne Afie en richeffe on le peult eftimer,
   E n rares noueautez une Afrique feconde.
B ref, en uoyant (De-uaulx) cefte grande cité,
   M on œil, qui parauant eftoit exercité
   A ne f'efmerueiller des chofes plus eftranges,
P rint esbaiffement. ce qui ne me peut plaire,
   C e fut l'eftonnement du badaud populaire,
   L a preffe des chartiers, les procez, & les fanges.

K

S i tu ueuls uiure en court (Dilliers) souuienne-toy,
　　D e t'accoster tousiours des mignons de ton maistre,
　　S i tu n'es fauori, faire semblant de l'estre,
　　E t de t'accommoder aux passetemps du Roy.
S ouuienne-toy encor' de ne prester ta foy
　　A u parler d'un chacun, mais sur tout sois adextre
　　A t'aider de la gauche, autant que de la dextre,
　　E t par les mœurs d'autruy à tes mœurs donne loy.
N 'auance rien du tien (Dilliers) que ton seruice,
　　N e monstre que tu sois trop ennemy du uice,
　　E t sois souuent encor' muet, aueugle, & sourd.
N e fay que pour autruy importun on te nomme,
　　F aisant ce que ie dy, tu seras galland homme:
　　T 'en souuienne (Dilliers) si tu ueuls uiure en court.

S i tu ueuls seurement en court te maintenir,
　　L e silence (Ronsard) te soit comme un decret.
　　Q ui baille à son amy la clef de son secret,
　　L e fait de son amy son maistre deuenir.
T u dois encor' (Ronsard) ce me semble, tenir
　　A uec ton ennemy quelque moyen discret,
　　E t faisant contre luy, monstrer qu'à ton regret
　　L e seul deuoir te fait en ces termes uenir.
N ous uoyons bien souuent une longue amitié
　　S e changer pour un rien en fiere inimitié,
　　E t la haine en amour souuent se transformer,
D ont (ueu le temps qui court) il ne fault s'esbaïr.
　　A yme donques (Ronsard) comme pouuant haïr,
　　H aïs donques (Ronsard) comme pouuant aymer.

Amy,

A my, ie t'apprendray (encores que tu sois
P our te donner conseil, de toymesme assez sage)
C omme iamais tes uers ne te feront oultrage,
E t ce qu'en tes escriptz plus euiter tu dois.
S i de Dieu, ou du Roy tu parles quelquefois,
F ay que tu sois prudent, & sobre en ton langage:
L e trop parler de Dieu porte souuent dommage,
E t longues sont les mains des Princes & des Rois.
N e t'attache à qui peult, si sa fureur l'allume,
V anger d'un coup d'espee un petit traict de plume,
M ais presse (comme on dit) ta leure auec le doy.
C eulx que de tes bons motz tu uois pasmer de rire,
S i quelque oultrageux fol t'en ueult faire desdire,
C e seront les premiers à se mocquer de toy.

C ousin, parle tousiours des uices en commun,
E t ne discours iamais d'affaires à la table,
M ais sur tout garde toy d'estre trop ueritable,
S i en particulier tu parles de quelqu'un.
N e commets ton secret à la foy d'un chacun,
N e dy rien qui ne soit pour le moins uray-semblable:
S i tu ments, que ce soit pour chose profitable,
E t qui ne tourne point au deshonneur d'aucun.
S ur tout garde toy bien d'estre double en paroles,
E t n'use sans propoz de finesses friuoles,
P our acquerir le bruit d'estre bon courtisan.
L 'artifice caché c'est le uray artifice:
L a souris bien souuent perit par son indice,
E t souuent par son art se trompe l'artisan.

B izet, i'aymerois mieulx faire un bœuf d'un formy,
   O u faire d'une mousche un Indique elephant,
   Q ue le bon heur d'autruy par mes uers estoufant,
   M e faire d'un chacun le publiq ennemy.
S ouuent pour un bon mot on perd un bon amy,
   E t tel par ses bons motz croit (tant il est enfant)
   S 'estre mis sur la teste un chapeau triomphant,
   A qui mieulx eust ualu estre bien endormy.
L a louange (Bizet) est facile à chacun,
   M ais la satyre n'est un ouurage commun:
   C 'est, trop plus qu'on ne pense, un œuure industrieux.
I l n'est rien si fascheux qu'un brocard mal plaisant,
   E t fault bien (comme on dit) bien dire en mesdisant,
   V eu que le loüer mesme est souuent odieux.

G ordes, ie sçaurois bien faire un conte à la table,
   E t s'il estoit besoing contrefaire le sourd:
   I 'en sçaurois bien donner, & faire à quelque lourd
   L e uray ressembler faulx, & le faulx ueritable.
I e me sçaurois bien rendre à chacun accointable,
   E t façonner mes mœurs aux mœurs du temps qui court,
   I e sçaurois bien prester (comme on dit à la court)
   A upres d'un grand seigneur quelque œuure charitable.
I e sçaurois bien encor, pour me mettre en auant,
   V endre de la fumee à quelque poursuiuant,
   E t pour estre employé en quelque bon affaire,
M e feindre plus ruzé cent fois que ie ne suis:
   M ais ne le uoulant point (Gordes) ie ne le puis,
   E t si ne blasme point ceulx qui le sçauent faire.

35

Tu t'abuses (Belleau) si pour estre sçauant,
  Sçauant & uertueux, tu penses qu'on te prise:
  Il fault (comme lon dit) estre homme d'entreprise,
  Si tu ueulx qu'à la court on te pousse en auant.
Ces beaux noms de uertu, ce n'est rien que du uent:
  Donques, si tu es sage, embrasse la feintise,
  L'ignorance, l'enuie, auec la couuoitise:
  Par ces artz iusqu'au ciel on monte bien souuent.
La science à la table est des seigneurs prisee,
  Mais en chambre (Belleau) elle sert de risee:
  Garde, si tu m'en crois, d'en acquerir le bruit.
L'homme trop uertueux desplait au populaire:
  Et n'est-il pas bien fol, qui s'efforceant de plaire,
  Se mesle d'un mestier, que tout le monde fuit?

Souuent nous faisons tort nous mesme' à nostre ouurage,
  Encor' que nous soyons de ceulx qui font le mieulx:
  Soit par trop quelquefois contrefaire les uieux,
  Soit par trop imiter ceulx qui sont de nostre aage.
Nous ostons bien souuent aux princes le courage
  De nous faire du bien: nous rendant odieux,
  Soit pour en demandant estre trop ennuyeux,
  Soit pour trop nous loüant aux autres faire oultrage.
Et puis nous nous plaignons de uoir nostre labeur
  Veuf d'applaudissement, de grace, & de faueur,
  Et de ce que chacun à son œuure souhette.
Bref, loüe qui uouldra son art, & son mestier,
  Mais cestui-la (Morel) n'est pas mauuais ouurier,
  Lequel sans estre fol, peult estre bon poëte.

Ne te fasche (Ronsard) si tu uois par la France
 Fourmiller tant d'escriptz . ceulx qui ont merité
 D'estre aduoüez pour bons de la posterité,
 Portent leur sauf-conduit,& lettre d'asseurance.
Tout œuure qui doit niure,il a des sa naissance
 Vn Demon qui le guide à l'immortalité:
 Mais qui n'a rencontré telle natiuité,
 Comme un fruict abortif,n'a iamais accroissance.
Virgile eut ce Demon, & l'eut Horace encor,
 Et tous ceulx qui du temps de ce bon siecle d'or
 Estoient tenuz pour bons: les autres n'ont plus uie.
Qu'eussions-nous leurs escriptz,pour uoir de nostre temps
 Ce qui aux anciens seruoit de passetemps,
 Et quelz estoient les uers d'un indocte Meuie.

Autant comme lon peult en un autre langage
 Vne langue exprimer,autant que la nature
 Par l'art se peult monstrer,& que par la peinture
 On peult tirer au uif un naturel uisage:
Autant exprimes-tu,& encor d'auantage,
 Aueques le pinceau de ta docte escriture
 La grace,la façon,le port,& la stature
 De celuy, qui d'Enee a descript le uoyage.
Ceste mesme candeur,ceste grace diuine,
 Ceste mesme doulceur,& maiesté Latine
 Qu'en ton Virgile on uoit,c'est celle mesme encore,
Qui Françoise se rend par ta celeste ueine.
 Des-Masures sans plus a faulte d'un Mecene,
 Et d'un autre Cesar, qui ses uertuz honnore.

36

V ous dictes (Courtisans) les Poëtes sont fouls,
  E t dictes uerité: mais aussi dire i'ose,
  Q ue telz que uous soiez, uous tenez quelque chose,
  D e ceste doulce humeur qui est commune à tous.
M ais celle-la (Messieurs) qui domine sur uous,
  E n autres actions diuersement s'expose:
  N ous sommes fouls en rime, & uous l'estes en prose:
  C 'est le seul different qu'est entre uous & nous.
V ray est que uous auez la court plus fauorable,
  M ais aussi n'auez uous un renom si durable:
  V ous auez plus d'honneurs, & nous moins de souci.
S i uous riez de nous, nous faisons la pareille:
  M ais cela qui se dit s'en uole par l'oreille,
  E t cela qui s'escript, ne se perd pas ainsi.

S eigneur, ie ne sçaurois regarder d'un bon œil
  C es uieux Singes de court, qui ne sçauent rien faire,
  S inon en leur marcher les Princes contrefaire,
  E t se uestir, comme eulx, d'un pompeux appareil.
S i leur maistre se mocque, ilz feront le pareil,
  S 'il ment, ce ne sont-eulx, qui diront du contraire,
  P lustot auront-ilz ueu, à fin de luy complaire,
  L a Lune en plein midi, à minuict le Soleil.
S i quelqu'un deuant eulx reçoit un bon uisage,
  I lz le uont caresser, bien qu'ilz creuent de rage,
  S 'il le reçoit mauuais, ilz le monstrent au doy.
M ais ce qui plus contre eulx quelquefois me despite,
  C 'est quand deuant le Roy, d'un uisage hypocrite,
  I lz se prennent à rire, & ne sçauent pourquoy.

I e ne te prie pas de lire mes escripts,
   M ais ie te prie bien qu'ayant fait bonne chere,
   E t ioué toute nuict aux dez, à la premiere,
   E t au ieu que Venus t'a sur tous mieulx appris,
T u ne uiennes icy desfacher tes esprits,
   P our te mocquer des uers que ie metz en lumiere,
   E t que de mes escripts la leçon coustumiere,
   P ar faulte d'entretien, ne te serue de riz.
I e te priray encor', quiconques tu puisse' estre,
   Q ui braue de la langue, & foible de la dextre,
   D e blesser mon renom te monstres tousiours prest,
N e mesdire de moy: ou prendre patience,
   S i ce que ta bonté me preste en conscience,
   T u te le uois par moy rendre à double interest.

S i mes escripts (Ronsard) sont semez de ton loz,
   E t si le mien encor tu ne dedaignes dire,
   D 'estre encloz en mes uers ton honneur ne desire,
   E t par là ie ne cherche en tes uers estre encloz.
L aissons donc ie te pry laissons causer ces sotz,
   E t ces petitz gallandz, qui ne sachant que dire,
   D isent, uoyant Ronsard, & Bellay s'entr'escrire,
   Q ue ce sont deux muletz, qui se grattent le doz.
N oz louanges (Ronsard) ne font tort à personne:
   E t quelle loy defend que l'un à l'autre en donne,
   S i les amis entre eulx des presens se font bien?
O n peult comme l'argent trafiquer la louange,
   E t les louanges sont comme lettres de change,
   D ont le change & le port (Ronsard) ne couste rien.

On

37

O n donne les degrez au ſçauant eſcolier,
   O n donne les eſtatz à l'homme de iuſtice,
   O n donne au courtiſan le riche benefice,
   E t au bon capitaine on donne le collier:
O n donne le butin au braue auanturier,
   O n donne à l'officier les droits de ſon office,
   O n donne au ſeruiteur le gaing de ſon ſeruice,
   E t au docte poëte on donne le laurier.
P ourquoy donc fais-tu tant lamenter Calliope
   D u peu de bien qu'on fait à ſa gentile troppe?
   I l fault (Iodelle) il fault autre labeur choiſir,
Q ue celuy de la Muſe, à qui ueult qu'on l'auance:
   C ar quel loyer ueuls-tu auoir de ton plaiſir,
   P uis que le plaiſir meſme en eſt la recompenſe?

S i tu m'en crois (Bäif) tu changeras Parnaſſe
   A u palais de Paris, Helicon au parquet,
   T on laurier en un ſac, & ta lyre au caquet
   D e ceulx qui pour ſerrer, la main n'ont iamais laſſe.
C 'eſt à ce meſtier la, que les biens on amaſſe,
   N on à celuy des uers: ou moins y a d'acquêt,
   Q u'au meſtier d'un boufon, ou celuy d'un naquet.
   F y du plaiſir (Bäif) qui ſans profit ſe paſſe.
L aiſſons donq, ie te pry, ces babillardes Sœurs,
   C e cauſeur Apollon, & ces uaines doulceurs,
   Q ui pour tout leur treſor n'ont que des lauriers uerds.
A u choſes de profit, ou celles qui font rire,
   L es grands ont auiourdhuy les oreilles de cire,
   M ais ilz les ont de fer, pour eſcouter les uers.

L

T hiard, qui as changé en plus graue escritture
   T on doulx stile amoureux, Thiard, qui nous as fait
   D 'un Petrarque un Platon, & si rien plus parfait
   S e trouue que Platon, en la mesme nature:
Q ui n'admire du ciel la belle architecture,
   E t de tout ce qu'on uoit les causes & l'effect,
   C eluy urayement doit estre un homme contrefait,
   L equel n'a rien d'humain, que la seule figure.
C ontemplons donq (Thiard) ceste grand' uoulte ronde,
   P uis que nous sommes faits à l'exemple du monde:
   M ais ne tenons les yeux si attachez en hault,
Q ue pour ne les baisser quelquefois uers la terre,
   N ous soions en danger par le hurt d'une pierre
   D e nous blesser le pied, ou de prendre le sault.

P ar ses uers Teïens Belleau me fait aymer
   E t le uin & l'amour: Baïf, ta challemie
   M e fait plus qu'une royne une rustique amie,
   E t plus qu'une grand' uille un uillage estimer.
L e docte Pelletier fait mes flancz emplumer,
   P our uoler iusqu'au ciel auec son Vranie:
   E t par l'horrible effroy d'une estrange armonie
   R onsard de pié en cap hardy me fait armer.
M ais ie ne sçay comment ce Demon de Iodelle
   (D emon est-il urayment, car d'une uoix mortelle
   N e sortent point ses uers) tout soudain que ie l'oy,
M 'aiguillonne, m'espoingt, m'espoüante, m'affolle,
   E t comme Apollon fait de sa prestresse folle,
   A moymesmes m'ostant, me rauit tout à soy.

E n-cependant (Clagny) que de mil argumens
   V ariant le deſſeing du royal edifice,
   T u vas renouuelant d'un hardy frontiſpice
   L a ſuperbe grandeur des plus uieux monumens,
A uec d'autres compaz, & d'autres inſtrumens
   F uiant l'ambition, l'enuie, & l'auarice,
   A ux Muſes ie baſtis d'un nouuel artifice
   V n palais magnifique à quatre appartemens.
L es Latines auront un ouurage Dorique
   P ropre à leur grauité, les Greques un Attique
   P our leur naifueté, les Françoiſes auront
P our leur graue doulçeur une œuure Ionienne,
   D 'ouurage elabouré à la Corinthienne
   Sera le corps d'hoſtel, ou les Thuſques ſeront.

D e ce Royal palais, que baſtiront mes doigts,
   S i la bonté du Roy me fournit de matiere,
   P our rendre ſa grandeur & beauté plus entiere,
   L es ornemens ſeront de traicts & d'arcs turquois.
L à d'ordre flanc à flanc ſe uoyront tous noz Roys,
   L à ſe uoyra maint Faune, & Nymphe paſſagere,
   S ur le portail ſera la Vierge foreſtiere,
   A ueques ſon croiſſant, ſon arc, & ſon carquois.
L 'appartement premier Homere aura pour marque,
   V irgile le ſecond, le troiſieme Petrarque,
   D u ſurnom de Ronſard le quatrieme on dira.
C hacun aura ſa forme & ſon architecture,
   C hacun ſes ornemens, ſa grace & ſa peincture,
   E t en chacun (Clagny) ton beau nom ſe lira.

D e uoſtre Dianet (de uoſtre nom i'apelle
  V oſtre maiſon d'Anet) la belle architecture,
  L es marbres animez, la uiuante peincture,
  Q ui la font eſtimer des maiſons la plus belle:
L es beaux lambriz dorez, la luiſante chappelle,
  L es ſuperbes dongeons, la riche couuerture,
  I e iardin tapiſſé d'eternelle uerdure,
  E t la uiue fonteine à la ſource immortelle:
C es ouurages (Madame) à qui bien les contemple,
  Rapportant de l'antiq' le plus parfait exemple,
  M onſtrent un artifice, & deſpence admirable.
M ais ceſte grand' doulceur iointe à ceſte haulteſſe,
  E t cet Aſtre benin ioint à ceſte ſageſſe,
  Trop plus que tout cela uous font eſmerueillable.

E ntre tous les honneurs, dont en France eſt cogneu
  C e renommé Bertran, des moindres n'eſt celuy
  Q ue luy donne la Muſe, & qu'on diſé de luy,
  Q ue par luy un Salel ſoit riche deuenu.
T oy donc à qui la France a des-ia retenu
  L 'un de ſes plus beaux lieux, comme ſeul auiourdhuy
  O u les arts ont fondé leur principal appuy,
  Q uant au lieu qui t'attend tu ſeras paruenu:
F ay que de ta grandeur ton Magny ſe reſente,
  A fin que ſi Bertran de ſon Salel ſe uante,
  T u te puiſſes auſſi de ton Magny uanter.
T ous deux ſont Quercinois, tous deux bas de ſtature,
  E t ne ſeroient pas moins ſemblables d'eſcriture,
  S i Salel auoit ſceu plus doulcement chanter.

P relat, à qui les cieulx ce bon heur ont donné

   D 'estre aggreable aux Roys, Prelat dont la prudence

   P ar les degrez d'honneur a mis en euidence,

   Q ue pour le bien publiq' Dieu t'auoit ordonné.

P relat, sur tous prelatz sage, & bien fortuné,

   P relat garde des loix, & des seaulx de la France,

   D igne que sur ta foy repose l'asseurance

   D 'un Roy le plus grand Roy qui fut onq couronné:

D euant que t'auoir ueu i'honnorois ta sagesse,

   T on sçauoir, ta uertu, ta grandeur, ta largesse,

   E t si rien entre nous se doit plus honnorer:

M ais ayant esprouué ta bonté nompareille,

   Q ui souuent m'a presté si doulcement l'oreille,

   I e souhaite qu'un iour ie te puisse adorer.

A Monseign. Le Chancelier Olivier.

A pres s'estre basty sus les murs de Carthage

   V n sepulchre eternel, Scipion irrité

   D e uoir à sa uertu ingrate sa cité,

   S e banit de soy mesme en un petit uillage.

T u as fait (Oliuier) mais d'un plus grand courage,

   C e que fit Scipion en son aduersité,

   L aissant durant le cours de ta felicité

   L a court, pour uiure à toy le reste de ton aage.

L e bruit de Scipion maint coursaire attiroit

   P our contempler celuy que chacun admiroit,

   B ien qu'il fust retiré en son petit Linterne.

O n te fait le semblable : admirant ta uertu,

   D 'auoir laissé la court, & ce monstre testu,

   C e peuple qui ressemble à la beste de Lerne.

I l ne fault point (Duthier) pour mettre en euidence
   T ant de belles uertus qui reluifent en toy,
   Q ue ie te rende icy l'honneur que ie te doy,
   C elebrant ton fçauoir, ton fens, & ta prudence.
L e bruit de ta uertu eft tel, que l'ignorance
   N e le peult ignorer : & qui loüe le Roy,
   I l fault qu'il loüe encor' ta prudence, & ta foy :
   C ar ta gloire eft coniointe à la gloire de France.
I e diray feulement que depuis noz ayeux
   L a France n'a point ueu un plus laborieux
   E n fa charge que toy, & qu'autre ne fe treuue
P lus courtois, plus humain, ne qui ait plus de foing
   D e fecourir l'amy à fon plus grand befoing.
   I 'en parle feurement, car i'en ay fait l'efpreuue.

C ombien que ton Magny ait la plume fi bonne,
   S i prendrois-ie auec luy de tes uertus le foing,
   S achant que Dieu qui n'a de noz prefens befoing,
   D emande les prefens de plus d'une perfonne.
I e dirois ton beau nom, qui de luy mefme fonne
   T on bruit parmy la France, en Itale, & plus loing :
   E t dirois que Henry eft luymefme tefmoing,
   C ombien un Auanfon auance fa couronne.
I e dirois ta bonté, ta iuftice, & ta foy,
   E t mille autres uertus qui reluifent en toy,
   D ignes qu'un feul Ronfard les facre à la Memoire :
M ais fentant le foucy qui me preffe le doz,
   I ndigne ie me fens de toucher à ton loz,
   S achant que Dieu ne ueult qu'on prophane fa gloire.

                         Quand

Q uand ie uoudray fonner de mon grand Auanfon
L es moins grandes uertus, fur ma chorde plus baffe
I e diray fa faconde, & l'honneur de fa face,
E t qu'il eft des neuf Sœurs le plus cher nourriffon.
Q uand ie uoudray toucher auec un plus hault fon
Q uelque plus grand' uertu, ie chanteray fa grace,
S a bonté, fa grandeur, qui la iuftice embraffe,
M ais là ie ne mettray le but de ma chanfon.
C ar quand plus hautement ie fonneray fa gloire,
I e diray que iamais les filles de Memoire
N e diront un plus fage, & uertueux que luy:
P lus prompt à fon deuoir, plus fidele à fon Prince,
N e qui mieulx f'accommode au regne d'auiourdhuy,
P our feruir fon Seigneur en eftrange prouince.

C ombien que ta uertu (Poulin) foit entendue
P ar tout ou des François le bruit eft entendu,
E t combien que ton nom foit au large eftendu
A utant que la grand' mer eft au large eftendue:
S i fault il toutefois que Bellay f'efuertue
A uffi bien que la mer, de bruire ta uertu,
E t qu'il fonne de toy auec l'ærain tortu
C e que fonne Triton de fa trompe tortue.
I e diray que tu es le Tiphys du Iafon,
Q ui doit par ton moyen conquerir la toifon,
I e diray ta prudence, & ta uertu notoire:
I e diray ton pouuoir qui fur la mer f'eftent,
E t que les Dieux marins te fauorifent tant,
Q ue les terreftres Dieux font ialoux de ta gloire.

S age De-l'hospital, qui seul de nostre France
   R abaisses auiourdhuy l'orgueil Italien,
   E t qui nous monstres seul d'un art Horatien
   C omme il fault chastier le uice & l'ignorance:
S i ie uoulois loüer ton sçauoir, ta prudence,
   T a uertu, ta bonté, & ce qu'est urayment tien,
   A tes perfections ie n'adiousterois rien,
   E t pauure me rendroit la trop grand' abondance.
E t qui pourroit, bons dieux ! faire plus digne foy
   D es rares qualitez qui reluisent en toy,
   Q ue ceste autre Pallas, ornement de nostre aage?
A insi iusqu'auiourdhuy, ainsi encor' uoit-on
   E stre tant renommé le maistre de Platon,
   P our ce qu'il eut d'un Dieu la uoix pour tesmoignage.
       Au Car.ᵃˡ de Lorraine.

N ature à uostre naistre heureusement feconde,
   P rodigue uous donna tout son plus & son mieux,
   S oit ceste grand' doulceur qui luit dedans uoz yeux,
   S oit ceste maiesté disertement faconde.
V ostre rare uertu, qui n'a point de seconde,
   E t uostre espoir ælé, qui uoisine les cieulx,
   V ous ont donné le lieu le plus prochain des Dieux,
   E t la plus grand' faueur du plus grand Roy du monde.
B ref, uous auez tout seul tout ce qu'on peult auoir
   D e richesse, d'honneur, de grace, & de sçauoir,
   Q ue uoulez-uous donq plus esperer d'auantage?
L e libre iugement de la posterité,
   Q ui encor' qu'ell' assigne au ciel uostre partage,
   N e uous donnera pas ce qu'auez merité.

L *a fortune (Prelat) nous uoulant faire uoir*
  C *e qu'elle peult sur nous , a choisi de nostre aage*
  C *eluy qui de uertu , d'esprit, & de courage*
  S *'estoit le mieulx armé encontre son pouuoir.*

M *ais la uertu qui n'est apprise à s'esmouuoir,*
  N *on plus que le rocher se meut contre l'orage,*
  D *ontera la fortune ; & contre son outrage*
  D *e tout ce qui luy fault se sçaura bien pouruoir.*

C *omme ceste uertu immuable demeure,*
  A *insi le cours du ciel se change d'heure en heure.*
  A *idez uous donq (Seigneur) de uous mesme au besoing,*

E *t ioyeux attendez la saison plus prospere,*
  Q *ui uous doit ramener uostre oncle & uostre frere:*
  C *ar & d'eux & de uous le ciel a pris le soing.*

à la R. Yssesse

C *e n'est pas sans propoz qu'en uous le ciel a mis*
  T *ant de beautez d'esprit, & de beautez de face,*
  T *ant de royal honneur, & de royale grace,*
  E *t que plus que cela uous est encor promis.*

C *e n'est pas sans propoz que les Destins amis*
  P *our rabaisser l'orgueil de l'Espagnole audace,*
  S *oit par droit d'alliance, ou soit par droit de race,*
  V *ous ont par leurs arrestz trois grans peuples soubmis.*

I *lz ueulent que par uous la France, & l'Angleterre*
  C *hangent en longue paix l'hereditaire guerre*
  Q *ui a de pere en filz si longuement duré:*

I *lz ueulent que par uous la belle uierge Astree*
  E *n ce Siecle de fer reface encor' entree,*
  E *t qu'on reuoye encor le beau Siecle doré.*

M

A La Reyne.

M use, qui autrefois chantas la uerde oliue,
   E mpenne tes deux flancs d'une plume nouuelle,
   E t te guindant au ciel aueques plus haulte ælle,
   V ole ou est d'Apollon la belle plante uiue.

L aisse (mon cher souci) la paternelle riue,
   E t portant desormais une charge plus belle,
   A dore ce hault nom, dont la gloire immortelle
   D e nostre pole arctiq' à l'autre pole arriue.

L oüe l'esprit diuin, le courage indontable,
   L a courtoise doulceur, la bonté charitable,
   Q ui soustient la grandeur, & la gloire de France.

E t dy, ceste Princesse & si grande & si bonne,
   P orte dessus son chef de France la couronne :
   M ais dy cela si hault, qu'on l'entende à Florence.

D igne filz de Henry, nostre Hercule Gaulois,
   N ostre second espoir, qui portes sus ta face
   R etraicte au naturel la maternelle grace,
   E t grauee en ton cœur la uertu de Vallois :

C e pendant que le ciel, qui ia dessous tes loix
   T rois peuples a soubmis, armera ton audace
   D 'une plus grand' uigueur, suy ton pere à la trace,
   E t apprens à donter l'Espagnol, & l'Anglois.

V oicy de la uertu la penible montee,
   Q ui par le seul trauail ueult estre surmontee :
   V oila de l'autre part le grand chemin battu,

O u au seiour du uice on monte sans eschelle .
   D eça (Seigneur) deça, ou la uertu t'appelle,
   H ercule se fit Dieu par la seule uertu .

à La R. de Navarre

L *a Grecque poësie orgueilleuse se uante*
    D *u loz qu'à son Homere Alexandre donna,*
    E *t les uers que Cesar de Virgile sonna,*
    L *a Latine auiourdhuy les chante & les rechante.*

L *a Françoise qui n'est tant que ces deux sçauante*
    C *omme qui son Homere & son Virgile n'a,*
    M *aintient que le Laurier qui François couronna,*
    B *aste seul pour la rendre à tout iamais uiuante.*

M *ais les uers qui l'ont mise encor' en plus hault pris,*
    S *ont les uers (Madame) & ces diuins escripts*
    Q *ue mourant nous laissa la Royne uostre mere.*

O *poësie heureuse, & bien digne des Roys,*
    D *e te pouuoir uanter des escripts Nauarrois,*
    Q *ui t'honnorent trop plus qu'un Virgile ou Homere !*

À Madme soeur du Roy

D *ans l'enfer de son corps mon esprit attaché*
    (E *t cet enfer, Madame, a esté mon absence)*
    Q *uatre ans & d'auantage a fait la penitence*
    D *e tous les uieux forfaits dont il fut entaché.*

O *res graces aux Dieux, ore' il est relaché*
    D *e ce penible enfer, & par uostre presence*
    R *eduit au premier poinct de sa diuine essence,*
    A *dechargé son doz du fardeau de peché.*

O *res sous la faueur de uoz graces prisees,*
    I *l iouit du repoz des beaux champs Elysees,*
    E *t si n'a uolunté d'en sortir iamais hors.*

D *onques, de l'eau d'oubly ne l'abbreuuez Madame,*
    D *e peur qu'en la beuuant nouueau desir l'enflamme*
    D *e retourner encor dans l'enfer de son corps.*

N on pource qu'un grand Roy ait esté uostre pere,
   N on pour uostre degré, & royale haulteur,
   C hacun de uostre nom ueult estre le chanteur,
   N i pource qu'un grand Roy soit ores uostre frere.
L a nature qui est de tous commune mere,
   V ous fit naistre (Madame) aueques ce grand heur,
   E t ce qui accompagne une telle grandeur,
   C e sont souuent des dons de fortune prospere.
C e qui uous fait ainsi admirer d'un chacun,
   C 'est ce qui est tout uostre, & qu'auec uous commun
   N 'ont tous ceulx-la qui ont couronnes sur leurs testes:
C este grace, & doulceur, & ce ie ne sçay quoy,
   Q ue quand uous ne seriez fille, ni sœur de Roy,
   S i uous iugeroit-on estre ce que uous estes.

E sprit royal, qui prens de lumiere eternelle
   T a seule nourriture, & ton accroissement,
   E t qui de tes beaux raiz en nostre entendement
   P roduis ce hault desir, qui au ciel nous r'appelle,
N 'apperçoy-tu combien par ta uiue estincelle
   L a uertu luit en moy ? n'as-tu point sentiment
   P ar l'œil, l'ouïr, l'odeur, le goust, l'attouchement,
   Q ue sans toy ne reluit chose aucune mortelle ?
A u seul obiect diuin de ton image pure
   S e meut tout mon penser, qui par la souuenance
   D e ta haulte bonté tellement se r'assure,
Q ue l'ame & le uouloir ont pris mesme assurance
   (Chassant tout appetit & toute uile cure)
   D e retourner au lieu de leur premiere essence.

43

S i la uertu qui eſt de nature immortelle,
   C omme immortelles ſont les ſemences des cieulx,
   A inſi qu'à noz eſprits, ſe monſtroit à noz yeux,
   E t noz ſens hebetez eſtoient capables d'elle,
N on ceulx-la ſeulement qui l'imaginent telle,
   E t ceulx auſquelz le uice eſt un monſtre odieux,
   M ais on uerroit encor les meſmes uicieux
   E pris de ſa beauté, des beautez la plus belle.
S i tant aymable donc ſeroit ceſte uertu
   A qui la pourroit uoir: Vineus, t'esbahis-tu
   S i i'ay de ma Princeſſe au cœur l'image empreinte?
S i ſa uertu i'adore, & ſi d'affection
   I e parle ſi ſouuent de ſa perfection,
   V eu que la uertu meſme en ſon uiſage eſt peinte?

Q uand d'une doulce ardeur doulcement agité
   I'uſerois quelquefois en loüant ma Princeſſe
   D es termes d'adorer, de celeſte, ou deeſſe,
   E t ces tiltres qu'on donne à la Diuinité,
I e ne craindrois (Melin) que la poſterité
   A ppellaſt pour cela ma Muſe flatereſſe:
   M ais en loüant ainſi ſa royale haulteſſe,
   I e craindrois d'offenſer ſa grande humilité.
L 'antique uanité aueques telz honneurs
   S ouloit idolatrer les Princes & Seigneurs:
   M ais le Chreſtien qui met ces termes en uſage,
I l n'eſt pas pour cela idolatre ou flateur,
   C ar en donnant de tout la gloire au Createur
   I l loüe l'ouurier meſme, en loüant ſon ouurage.

V oyant l'ambition, l'enuie, & l'auarice,
  L a rancune, l'orgueil, le defir aueuglé,
  D ont cet aage de fer de uices tout rouglé
  A uiolé l'honneur de l'antique iuftice :
V oyant d'une autre part la fraude, la malice,
  L e procez immortel, le droit mal confeillé :
  E t uoyant au milieu du uice dereiglé
  C efte royale fleur, qui ne tient rien du uice,
I l me femble (Dorat) uoir au ciel reuolez
  D es antiques uertuz les efcadrons ælez
  N 'ayans rien delaiffé de leur faifon dorée
P our reduire le monde à fon premier printemps,
  F ors cefte Marguerite, honneur de noftre temps,
  Q ui comme l'efperance, eft feule demeurée.

D e quelque autre fubiect, que i'efcriue, Iodelle,
  I e fens mon cœur tranfi d'une morne froideur,
  E t ne fens plus en moy cefte diuine ardeur,
  Q ui t'enflamme l'efprit de fa uiue eftincelle.
S eulement quand ie ueulx toucher le loz de celle
  Q ui eft de noftre fiecle & la perle, & la fleur,
  I e fens reuiure en moy cefte antique chaleur,
  E t mon efprit laffé prendre force nouuelle.
B ref, ie fuis tout changé, & fi ne fçay comment,
  C omme on uoit fe changer la uierge en un moment,
  A l'approcher du Dieu qui telle la fait eftre.
D 'ou uient cela, Iodelle ? il uient, comme ie croy,
  D u fubiect, qui produict naïuement en moy
  C e que par art contraint les autres y font naiftre.

Ronfard,

44

R onſard, i'ay ueu l'orgueil des Coloſſes antiques,
   L es theatres en rond ouuers de tous coſtez,
   L es columnes, les arcz, les haults temples uoultez,
   E t les ſommets pointus des carrez obeliſques.
I 'ay ueu des Empereurs les grands thermes publiques
   I 'ay ueu leurs monuments que le temps a dontez,
   I 'ay ueu leurs beaux palais que l'herbe a ſurmontez
   E t des uieux murs Romains les pouldreuſes reliques.
B ref, i'ay ueu tout cela que Rome a de nouueau,
   D e rare, d'excellent, de ſuperbe, & de beau,
   M ais ie n'y ay point ueu encores ſi grand' choſe
Q ue ceſte Marguerite, ou ſemble que les cieux
   P our effacer l'honneur de tous les ſiecles uieux
   D e leurs plus beaux preſens ont l'excellence encloſe.

I e ne ſuis pas de ceulx qui robent la louange,
   F raudant indignement les hommes de ualeur,
   O u qui changeant la noire à la blanche couleur
   S çauent, comme lon dit, faire d'un diable un ange.
I e ne ſay point ualoir, comme un treſor eſtrange,
   C e que uantent ſi hault noz marcadants d'honneur,
   E t ſi ne cherche point que quelque grand ſeigneur
   M e baille pour des uers des biens en contr'eſchange.
C e que ie quiers (Gournay) de ceſte ſœur de Roy,
   Que i'honnore, reuere, admire comme toy,
   C 'eſt que de la loüer ſa bonté me diſpenſe,
P uis qu'elle eſt de mes uers le plus loüable obiect:
   C ar en loüant (Gournay) ſi loüable ſubiect,
   L e loz que ie m'acquiers, m'eſt trop grand' recompenſe.

M orel, quand quelquefois ie perds le temps à lire
   C e que font auiourdhuy noz trafiqueurs d'honneurs,
   I e ry de uoir ainsi desguiser ces Seigneurs,
   D esquelz (comme lon dit) ilz font comme de cire.
E t qui pourroit, bons dieux ! se contenir de rire
   V oyant un corbeau peint de diuerses couleurs,
   V n pourceau couronné de roses & de fleurs,
   O u le pourtrait d'un asne accordant une lyre ?
L a loüange, à qui n'a rien de loüable en soy,
   N e sert que de le faire à tous monstrer au doy,
   M ais elle est le loyer de cil qui la merite.
C 'est ce qui fait (Morel) que si mal uoluntiers
   I e diz ceulx dont le nom fait rougir les papiers,
   E t que i'ay si frequent celuy de Marguerite.

C eluy qui de plus pres attaint la Deité,
   E t qui au ciel (Bouiu) uole de plus haulte ælle,
   C 'est celuy qui suiuant la uertu immortelle
   S e sent moins du fardeau de nostre humanité.
C eluy qui n'a des Dieux si grand felicité,
   L 'admire toutefois comme une chose belle,
   H onnore ceulx qui l'ont, se monstre amoureux d'elle,
   I l a le second ranc, ce semble, merité.
C omme au premier ie tends d'ælle trop foible & basse,
   A insi ie pense auoir au second quelque place:
   E t comment puis-ie mieulx le second meriter,
Q u'en loüant ceste fleur, dont le uol admirable
   P our gaigner du premier le lieu plus honnorable,
   N e laisse rien icy qui la puisse imiter?

Quand

Quand ceſte belle fleur premierement ie uy,
  Qui noſtre aage de fer de ſes uertuz redore,
  Bien que ſa grand' ualeur ie ne cogneuſſe encore,
  Si fus-ie en la uoyant de merueille rauy.
Depuis ayant le cours de Fortune ſuiuy
  Ou le Tybre tortu de iaune ſe colore,
  Et uoyant ces grands dieux que l'ignorance adore,
  Ignorans, uicieux, & meſchans à l'enuy:
Alors (Forget) alors ceſte erreur ancienne
  Qui n'auoit bien cogneu ta Princeſſe & la mienne,
  La uenant à reuoir, ſe deſſilla les yeux:
Alors ie m'apperçeu qu'ignorant ſon merite
  I'auois, ſans la cognoiſtre, admiré Marguerite,
  Comme, ſans les cognoiſtre, on admire les cieux.

La ieuneſſe (Du-ual) iadis me fit eſcrire
  De cet aueugle archer, qui nous aueugle ainſi,
  Puis faſché de l'Amour, & de ſa mere auſsi,
  Les louanges des Roys i'accorday ſur ma lyre.
Ores ie ne ueulx plus telz argumens eſlire,
  Ains ie ueulx, comme toy, poingt d'un plus hault ſouci,
  Chanter de ce grand Roy, dont le graue ſourci
  Fait trembler le celeſte, & l'infernal empire.
Ie ueulx chanter de Dieu. mais pour bien le chanter,
  Il fault d'un auant-ieu ſes louanges tenter,
  Loüant, non la beauté de ceſte maſſe ronde,
Mais ceſte fleur, qui tient encor' un plus beau lieu:
  Car comme elle eſt (Du-ual) moins parfaitte que Dieu,
  Auſsi l'eſt elle plus que le reſte du monde.

N

B ucanan, qui d'un uers aux plus uieux comparable
   L e surnom de Sauuage ostes à l'Ecossois,
   S i i'auois Apollon facile en mon François,
   C omme en ton Grec tu l'as, & Latin fauorable,
I e ne ferois monter, spectacle miserable,
   D essus un echafault les miseres des Roys,
   M ais ie rendrois par tout d'une plus doulce uoix
   L e nom de Marguerite aux peuples admirable:
I e dirois ses uertuz, & dirois que les cieux
   L 'ayant fait naistre icy d'un temps si uicieux
   P our estre l'ornement, & la fleur de son aage,
N 'ont moins en cet endroit demonstré leur sçauoir,
   L eur pouuoir, leur uertu, que les Muses d'auoir
   F ait naistre un Bucanan de l'Ecosse sauuage.

P aschal, ie ne ueulx point Iuppiter assommer,
   N y comme fit Vulcan, luy rompre la ceruelle,
   P our en tirer dehors une Pallas nouuelle,
   P uis qu'on ueult de ce nom ma Princesse nommer.
D 'un effroyable armet ie ne la ueulx armer,
   N y de ce que du nom d'une cheure on appelle,
   E t moins pour auoir ueu sa Gorgonne cruelle,
   V eulx-ie en nouueaux cailloux les hommes transformer.
I e ne ueulx deguiser ma simple poësie
   S ous le masque emprunté d'une fable moisie,
   N y souiller un beau nom de monstres tant hideux:
M ais suiuant, comme toy, la ueritable histoire,
   D 'un uers non fabuleux ie ueulx chanter sa gloire
   A nous, à noz enfans, & ceulx qui naistront d'eulx.

Ce-

Cependant (Pelletier) que deſſus ton Euclide
 Tu montres ce qu'en uain ont tant cherché les uieux,
 Et qu'en deſpit du uice, & du ſiecle enuieux
 Tu te guindes au ciel comme un ſecond Alcide:
L'amour de la uertu, ma ſeule & ſeure guide,
 Comme un ſigne nouueau me conduit uers les cieux,
 Ou en deſpit d'enuie, & du temps uicieux,
 Ie rempliz d'un beau nom ce grand eſpace uide.
Ie uoulois comme toy les uers abandonner,
 Pour à plus hault labeur plus ſage m'addonner:
 Mais puis que la uertu à la loüer m'appelle,
Ie ueulx de la uertu les honneurs raconter :
 Aueques la uertu ie ueulx au ciel monter.
 Pourrois-ie au ciel monter aueques plus haulte ælle?

Deſſous ce grand François, dont le bel aſtre luit
 Au plus beau lieu du ciel, la France fut enceincte
 Des lettres & des arts, & d'une troppe saincte
 Que depuis ſous Henry feconde elle a produict :
Mais elle n'eut plus-toſt fait montre d'un tel fruict,
 Et plus-toſt ce beau part n'eut la lumiere atteincte,
 Que ie ne ſçay comment ſa clairte fut eſteincte,
 Et uid en meſme temps & ſon iour & ſa nuict.
Helicon eſt tary, Parnaſſe eſt une plaine,
 Les lauriers ſont ſeichez, & France autrefois pleine
 De l'eſprit d'Apollon, ne l'eſt plus que de Mars.
Phœbus ſ'en fuit de nous, & l'antique ignorance
 Sous la faueur de Mars retourne encore en France,
 Si Pallas ne defend les lettres & les arts.

S ire, celuy qui est, a formé toute essence
   D e ce qui n'estoit rien, c'est l'œuure du Seignéur:
   A ussi tout honneur doit flechir à son honneur,
   E t tout autre pouuoir ceder à sa puissance.
O n uoit beaucoup de Roys, qui sont grands d'apparence,
   M ais nul, tant soit il grand, n'aura iamais tant d'heur
   D e pouuoir à la uostre egaler sa grandeur:
   C ar rien n'est apres Dieu si grand qu'un Roy de France.
P uis donc que Dieu peult tout, & ne se trouue lieu
   L equel ne soit encloz sous le pouuoir de Dieu,
   V ous, de qui la grandeur de Dieu seul est enclose,
E largissez encor sur moy uostre pouuoir,
   S ur moy, qui ne suis rien: à fin de faire uoir,
   Q ue de rien un grand Roy peult faire quelque chose.

www.ingramcontent.com/pod-product-compliance
Lightning Source LLC
Chambersburg PA
CBHW052148090426
42741CB00010B/2184